S'AIMER COMME ON SE QUITTE

Lorraine de FOUCHER

S'aimer comme on se quitte

Chroniques du premier et du dernier jour

Fayard

Les histoires suivantes sont déjà parues dans *Le Monde* et ont été retravaillées par l'auteur pour ce recueil :

– *« Je n'ai jamais ressenti ça avec un garçon. »*
– *« J'ai dit à ma femme : "Je suis amoureux, mais d'un homme." »*
– *« Moi, je sais que j'ai aimé gratuitement. »*
– *« Sept mots, et c'est tout. Terminé. »*
– *« Je pensais être tellement nulle que personne ne pourrait m'aimer autant que lui. »*
(Publiée initialement dans *Le Monde* sous le titre : *« Ah toi, tu es en train de tomber amoureuse de ton patron, fais attention, c'est dangereux. »*)
– *« Il est obligé de mentir à sa famille pour qu'on se voie. »*
– *« Il s'appelle Dylan, c'est horrible ce prénom. Anna et Dylan, ça sonne pas. »*
– *« "Vous ne voulez quand même pas qu'on aille à l'hôtel ?" m'interroge-t-elle. »*
– *« Je suis allé trop loin, sinon tu aurais continué à faire ce que je voulais. »*
(Publiée initialement dans *Le Monde* sous le titre : *« Ma confiance, mes points de permis, ma dignité, il a tout pris. »*)
– *« Oui, à ce moment-là, j'ai compris qu'on pouvait tomber deux fois amoureuse de la même personne. »*
– *« Je me sens comme le héros d'un roman du XIXe siècle, je salue ce moment de correspondance au monde, ces divines surprises enfouies que la vie peut offrir. »*
(Publiée initialement dans *Le Monde* sous le titre : *« Une fille qui se touche les cheveux, c'est gagné. »*)
– *« Elle me fait visiter sa chambre, même si c'est interdit. »*
– *« Elle veut que je lui fasse l'amour, je lui fais sa valise. »*
– *« Elle revient toujours, par la porte, la fenêtre, les canalisations. »*
– *« J'ai tout raconté à mon mari. »*

Conception graphique : © Cédric Parisot
Illustration : © lorrainesorlet

ISBN : 978-2-213-70974-1

Dépôt légal : novembre 2018

« Il y a dans ce monde où tout s'use, où tout périt, une chose qui tombe en ruines, qui se détruit encore plus complètement, en laissant encore moins de vestiges que la beauté : c'est le chagrin »

Marcel Proust, *La Fugitive,*
Tome VI de *À la recherche du temps perdu.*

« Elle m'a fait "Bouge de là." »

MC Solaar,
Qui sème le vent, récolte le tempo, 1991.

« Vivre des choses qui peuvent s'écrire »

Longtemps j'ai rompu de bonne heure. J'ai vécu ces moments d'impact, où l'on arrivait à deux et repartait seul, sans avoir bien compris ce qui s'était joué autour de la table du café ou du coin de trottoir où tout s'était terminé. Les mots sont vagues, imprécis, parce que l'un n'ose pas vraiment les prononcer pour protéger l'autre, et l'autre est trop aveugle, amoureux, attaché, pour réussir à les entendre. La rupture est brutale : c'est un mystère du sens. « *Il n'y a plus de discours amoureux* », comme déclarait déjà Roland Barthes en 1977 sur le plateau d'« Apostrophes », venu présenter *Fragments d'un discours amoureux*, la bible des romantiques qui se piquent de sémiologie.

L'œil de Bernard Pivot est curieux, selon lui l'être amoureux serait « bébête ». Roland Barthes lui oppose le tabou de la sentimentalité plus fort que celui de la sexualité. Et revient surtout sur l'extrême solitude langagière d'un amoureux. « *L'amour passion n'est plus à la mode, pas pris en charge par les grands langages théoriques, réflexifs ou idéologiques que la modernité a produits : ni le marxisme ni la psychanalyse ne prennent en charge le sentiment amoureux. (…) L'amoureux comme on l'était du temps de Werther, personne ne lui répond*[1] », poursuivait-il devant le regard encourageant et enfumé de sa voisine de plateau, une autre experte ès sentiments, Françoise Sagan.

Quarante ans plus tard, les sciences sociales et le journalisme abandonnent encore l'amour, la rencontre et la rupture aux magazines féminins, au tréfonds des forums Doctissimo et aux témoignages cathodiques de l'après-midi. Pourtant, l'encouplement, et son corollaire dramatique, la séparation, alimentent quotidiennement nos conversations, notre besoin de narration face à ces moments qui sont les bonheurs comme les blessures les plus marquants de l'existence. Confrontée à ce manque de sens, à cette absence de mots et de causes plausibles de mes partenaires de rupture, j'ai eu envie de faire ce que je fais à chaque fois que je ne comprends pas : une enquête. J'ai cherché à étudier ce grand mystère de l'attachement et du détachement amoureux. Avec mes outils journalistiques traditionnels : le témoignage, la récurrence, la tentative d'en extraire un schéma.

Voir si le dernier jour d'une histoire est contenu dans le premier. Si ce qui nous plaît tant au début est aussi ce que l'on va reprocher après.

---

1. Déclaration de Roland Barthes en 1977 sur le plateau d'« Apostrophes ».

Si tout est écrit, faut-il savoir le voir pour mieux l'éviter ? Est-ce que l'on s'aime comme l'on se quitte ? Est-ce que le début et la fin sont les deux moments les plus signifiants d'une relation ?

Je n'ai pas la réponse à ces questions. Ce que je sais en revanche, c'est que l'intensité émotionnelle de ces deux épisodes vitrifie le souvenir. Les trente-deux personnes qui ont témoigné dans ce livre se sont souvent excusées au début de leur récit, *« Ah, ça n'est pas si intéressant »*, *« Je vois pas trop ce que vous allez pouvoir écrire avec ça »*, *« Bon mais vous savez, ça n'a rien d'extraordinaire »*, pour ensuite se lancer. Le flot est ininterrompu, descriptif. L'un va évoquer le sourire, l'autre la couleur du pull, le troisième celle de la pièce, et un dernier la météo et la chanson qui passait en fond dans le restaurant. Chaque rencontre touchante fige une image mentale, même vingt ans après. Une scène précieuse à aller chercher en tant que journaliste ; elle est pleine de rebondissements narratifs, et agréable je l'espère à découvrir en tant que lecteur : la précision offre l'impression d'assister à la scène, d'être dans un coin de la tête de l'une de ces trente-deux personnes ces jours-là.

Il n'y a pas d'informations sur le temps passé entre le premier et le dernier jour de ces témoignages. Parfois, bien sûr, l'évocation d'enfant(s) ou d'un mariage sont des indices temporels, mais il s'agit aussi de s'affranchir d'une vision comptable, rentable des relations. Enlever le cœur pour montrer que souvent l'amour n'est pas une question de réalisations concrètes, immobilières ou reproductives, mais un imaginaire transcendant. J'ai été surprise de trouver des personnes profondément marquées par des interactions à peine concrétisées de trois mois, quand, à l'inverse, des couples ayant duré des années ne livraient qu'un récit assez désaffecté. La durée de ces histoires est mentionnée à la fin du livre, pour que le lecteur puisse y confronter ses impressions de lecture s'il le souhaite.

Je ne sais pas si à la fin de la lecture de ce livre les ruptures paraîtront moins douloureuses et plus compréhensibles. Je sais seulement les échanges que j'ai eus avec les personnes qui ont témoigné : beaucoup ont parlé de catharsis, de laisser une trace quelque part, dans une page de journal ou de livre, de ce qui avait été vécu puisque c'était fini. Je sais aussi que, derrière le mémorial de mots offert à ces histoires, d'autres ont ainsi tenté de récupérer l'être perdu. Comme un baroud d'honneur, comme un « *regarde, on s'est tellement aimés que ça a fini dans le journal* ». Parce qu'en lançant cette rubrique je m'attendais à trouver peu de personnes prêtes à jouer le jeu de l'intimité, à me confier sans même me connaître des choses aussi profondes. Au-delà de la pudeur, il y a cette idée qu'on aime tous vivre des choses qui peuvent s'écrire. Qu'on a tous besoin de ce discours amoureux.

« *On aime comme notre époque nous le permet* », m'a-t-on dit un jour, en cours de sociologie. Ce livre est à mon sens une photographie de l'amour en 2018, qui capture l'alchimie des premiers instants et le naufrage des derniers. Et montre parfois que la réalité, dans son amusante banalité, peut être plus puissante et surprenante que ce que le plus affûté des scénaristes ou romanciers pourrait inventer.

Lorraine de Foucher

« On ne sait jamais vraiment quand est le dernier jour d'une histoire. »

Thibault, 32 ans

Premier jour

J'ai 17 ans, je suis en terminale, et j'ai un meilleur ami avec qui je passe tout mon temps. On s'est rencontrés au lycée deux ans plus tôt, et on est toujours ensemble, dehors, à faire des bêtises, chez lui, chez moi, on est inséparables. Nos personnalités sont complémentaires, on se rend le change intellectuellement. On regarde des films, joue aux jeux vidéo, mais tout est prétexte à avoir de grands débats. On est un refuge pour l'autre. Lui, son père n'est pas très valorisant, sa vie de famille est compliquée, sa mère écorchée vive. On organise beaucoup de soirées ensemble aussi, on boit, on fume des pétards, on prend des risques inconsidérés. Enfin moi surtout. La nuit, j'escalade les toits. Je passe des heures sur celui de l'église à côté de chez moi, restée des années en travaux et dont la façade, recouverte opportunément d'échafaudages, est facile à gravir. J'ai toujours aimé les hauteurs.

J'ai aussi un fond de nostalgie, entre ce qui est et qui aurait pu être. Je ne suis pas trop quelqu'un du réel. Je suis un peu catégorie poète maudit, solitaire et parfois asocial. Coincé entre mes deux facettes, l'une très réaliste, et l'autre qui veut s'échapper d'une réalité trop dure. C'est la tragédie du décalé, je ne me sens jamais complètement à ma place. J'ai eu quelques copines. En seconde, j'étais fou amoureux d'une fille, mais l'histoire n'a jamais démarré. Je l'ai purgée l'année d'après, toute ma vie ne pouvait pas tourner autour d'une seule personne. Je me rends compte que je plais pas mal, on me le dit, on me le montre.

Je sais d'elle qu'elle n'est pas commode, un peu abrupte et compliquée au début. La première fois que je la rencontre, elle passe dans la cuisine quand j'y déjeune avec mon meilleur ami. Je lui dis *« Bonjour madame »,* comme il me semble normal de saluer sa mère. Elle ressort assez vite de la pièce, elle a mieux à faire. Son fils est très beau, elle aussi est belle, elle a le visage racé, aux lignes dessinées. Je n'ai bien sûr aucune attirance, je n'y pense même pas.

Souvent, quand je rejoins mon ami chez lui, il n'est pas disponible tout de suite. Il est occupé à finir ses devoirs, sa bande dessinée, son jeu vidéo. J'erre dans l'appartement, un peu désœuvré. Je me balade et atterris dans la cuisine, où sa mère a l'air aussi perdue que moi. Souvent, on discute. De plus en plus en fait. Elle se confie, me parle de ses problèmes de famille, des difficultés avec son mari. Je m'interdis de ressentir quoi que ce soit.

Pourtant, elle devient de plus en plus tactile, me passe la main sur le bras ou sur l'épaule. Dans le cadre de son activité professionnelle, elle a besoin d'aide pour monter un petit site Internet. Je m'y connais assez en informatique pour pouvoir l'aider. C'est l'occasion pour nous de passer encore plus de temps tous les deux. Mon ami ne se pose ni ne pose aucune question.

On est maintenant côte à côte devant l'ordinateur, nos mains s'effleurent sur la souris, le clavier. Un jour, elle m'écrit un mail : elle me dit qu'elle est attirée par moi, qu'elle sait qu'elle ne doit pas, que la différence d'âge – 28 ans – est immense, qu'elle est mariée. Je ne sais pas quoi faire, je n'y connais rien. Ce mail exprime ce que je ressens, fissure la pellicule du silence qui nous sépare jusque-là. Je me disais bien qu'il y a quelque chose de bizarre, mais bon, je ne m'imagine pas vivre une histoire comme dans *Le Lauréat*, je préfère me mettre des œillères.

On continue à se voir, avec pour prétexte cette histoire de site Internet. On déjeune, on dîne ensemble. Un soir en partant, elle m'embrasse pour marquer le coup. Je trouve ça puissant, agréable, mais je suis toujours aussi perdu. C'est valorisant aussi, c'est comme frotter une lampe et qu'un génie magique en sorte : je rentre dans une autre dimension en plaisant à une femme comme elle. Je n'en ai plus rien à faire des choses autour de moi, je vis quelque chose d'unique, je ne touche plus terre. Je ne peux pas raconter cette histoire : je disperse bien quelques bouts de confidences à droite à gauche, mais personne n'a l'intégralité et ne peut faire de recoupement.

Je suis ce gamin débutant, impressionné, interdit, alors c'est elle qui fait tout. On s'embrasse de temps en temps, elle me parle de ses sentiments, mais les choses ne bougent pas. Jusqu'à ce samedi matin. Je me lève brumeux, l'esprit encore ralenti de la soirée alcoolisée de la veille. J'allume mon ordinateur, ouvre ma boîte mail, et j'y trouve ce message d'elle : *« Je ne peux pas courir toute ma vie après un homme qui ne veut pas se retourner. »* C'est un ultimatum, elle veut que je me décide, n'en peut plus d'attendre.

Je l'appelle, lui demande où elle est : elle est dans un studio, elle a quitté l'appartement familial. *« Je suis là dans vingt minutes »,* traverse le quartier, escalade les marches, frappe à la porte. Elle m'a ouvert, je l'ai embrassée. C'est ma première fois.

Dernier jour

Je suis heureux. Je suis amoureux. Je me sens paisible et rassasié. On est vraiment ensemble, personne ne le sait. On part en vacances, en week-end, je me présente comme célibataire endurci – au fond de moi, je sais que je ne le suis pas du tout, je suis avec elle. Mes copains se moquent de moi et s'inquiètent de mon incapacité à m'attacher à une fille de mon âge. Je n'ai plus besoin de faire semblant d'être en phase avec des gens que je trouve fades, j'ai mon secret.

Elle me transporte par les simples circonstances de cette histoire : *« Je voudrais que l'on puisse s'échanger 14 ans : tu m'en donnes 14 que tu perds. Comme cela, nous aurions le même âge, et cette histoire serait peut-être enfin possible »*, ai-je un jour rêvé devant elle.

Elle ne me retient pas. Ne m'astreint à aucune fidélité. Pourtant, c'est peut-être le moment de ma vie où j'ai le moins eu envie de tromper une femme. Elle me dit qu'elle ne peut me maintenir auprès d'elle, que ça n'est ni normal, ni juste. Elle ne veut pas me voler ma jeunesse ni me garder, il faut que l'un de nous deux arrête cette histoire.

Je profite de chaque instant en sachant la fin possible à tout moment. Un jour, je viens chez elle, après une période où elle s'est rendue moins disponible, où elle espaçait nos rendez-vous. Son mari est de plus en plus problématique, malade, elle doit s'occuper de ses enfants aussi. La soirée est intense : « *Je vais te donner ce que tu veux* », me murmure-t-elle, mais je ne comprends qu'après que c'est en fait un adieu. Tout en elle, dans ses gestes, dans ses intonations, transpire la fin. C'est la dernière fois que l'on se voit comme ça, elle l'a prévu, mais moi je ne le comprends pas. Je ne suis pas très perceptif, je n'assimile pas tant que les gens ne me disent pas les choses clairement.

Quand je claque la porte le lendemain matin, je ne m'en rends pas compte. Ce n'est qu'au fur et à mesure que j'intègre l'idée que c'est terminé. On ne sait jamais vraiment quand est le dernier jour d'une histoire. Est-ce que j'aurais préféré en être pleinement conscient, plutôt que cela infuse doucement ? Je ne sais pas. C'est une belle fin sans drame pour une histoire qui a été mon initiation, mon passage à l'âge adulte. J'étais un ado attardé – très bête en dehors d'elle, ivre, tapageur et dangereux avec mes camarades, elle m'a transformé en homme.

Elle m'a offert une assurance, une confiance en moi. Elle est le miracle de ma genèse amoureuse. J'ai mis du temps à retrouver quelque chose d'aussi puissant.

« Je n'ai jamais ressenti ça avec un garçon. »

Louise, 29 ans

Premier jour

New York m'appelait. La capitale de la liberté et du non-jugement. J'étais sûre qu'il allait se passer quelque chose entre cette ville et moi. C'est dur de s'installer à New York, mais encore plus d'en partir. Je vis en colocation avec trois garçons, un couple de mecs et un hétéro, dans l'East Village. C'est la fin de l'hiver, j'ai pu sortir de chez moi en short, bottes et collants, pour aller à cette « Going Away Party »[1] où je ne connais pas grand monde. Ma vie sentimentale n'est pas très remplie, mais ça n'est pas grave, je vois un peu un Allemand dont je me fous, je suis trop occupée à vivre.

Dans la soirée fait irruption Julia, une métisse afro-américaine aux yeux noirs. *« Ah tiens, cette fille est jolie, elle dégage un truc »*, me dis-je, sans avoir aucune conscience du fait que je puisse

1. Soirée d'adieux.

aimer les filles. J'aime tout le monde, je suis sociable, rigolote, mais je ne drague pas, je ne fais que parler. Bar à cocktails caché, en mode prohibition, gros tabourets en bois, velours au mur et ambiance feutrée. Il y a une table ronde dans un coin, on est tous serrés les uns contre les autres. Julia s'assoit à côté de moi, me parle beaucoup.

Je ne me pose toujours pas de questions. Je suis restée deux ans avec un garçon, je n'ai eu de relations qu'avec des hommes. Je lui raconte que j'étudie à la New York University, elle me répond : *« C'est fou, cette semaine, j'ai fait un rêve dans lequel j'avais une histoire avec une Française qui étudie à NYU. »* J'achète cette histoire, au premier degré, je ne m'interroge pas sur cette étonnante coïncidence. Je sens une tension monter, commence à me dire qu'il se passe un truc, mais je ne veux pas trop le voir ni l'entendre, je ne m'imagine pas coucher avec une fille.

Elle est chanteuse, hyper-sexy, dangereuse presque. L'oiseau de nuit se transformera en grande prédatrice, mais ça, je ne le comprendrai que plus tard. Assis côte à côte avec Julia, je sens qu'elle passe ses mains sur mes collants. C'est une décharge électrique, un volcan dans mon corps, mais je suis tétanisée. Je sors fumer une cigarette, dans l'air frais de la soirée, pour faire redescendre la pression. Bien sûr, elle me suit, me plaque contre le mur, dans la rue, approche son visage du mien et me murmure : « *Have you ever kissed a girl before*[1] *?* » Je bredouille « *no* ». « *Do you want to*[2] *?* » Je m'entends rétorquer non. Je rentre à l'intérieur, regrette mon non, je suis une petite souris dans les mains d'un très gros chat. On finit la soirée chez notre ami en commun, Julia est à l'aise, se met à boire de l'eau chaude pour protéger ses cordes vocales de chanteuse.

La fin de la nuit, l'alcool, on se retrouve dans le même lit, on s'effleure, on se cherche dans nos demi-sommeils, mais il ne se passe rien. Je dors quelques heures, m'échappe au petit matin et je marche dans les rues de New York. Il fait beau, je suis heureuse, invincible, j'ai peur, je me surprends à penser que je n'ai jamais ressenti ça avec un garçon, elle est peut-être là la solution ? Je lui envoie un texto : « *Je regrette mon non, laisse-moi du temps parce que j'ai peur.* » « *You are safe with me*[3] », me répond-elle.

Dès le soir, on se revoit. Un bar en bas de chez moi, la pénombre new-yorkaise, trois heures qui passent comme trois minutes. Elle me raconte sa première expérience homosexuelle, et au

1. « Tu as déjà embrassé une fille avant ? »
2. « Tu voudrais ? »
3. « Il n'y a aucun risque avec moi. »

moment de décrire comment elle a embrassé son ex, m'embrasse en même temps pour me faire vivre la scène. C'est notre première nuit, je lui dis que je n'ai jamais fait l'amour avec une fille, elle me répond que c'est impossible, la soirée est incroyable : « *Who are you to make me feel like this*[1] *?* » m'interpelle-t-elle en partant.

Je suis satellisée par cette rencontre, j'en parle à mon coloc : « *Il faut que je te dise un truc.* » « *J'ai toujours su que tu étais lesbienne* », me répond-il. Ça m'énerve que d'autres l'aient su avant moi, qu'ils puissent mieux me connaître que moi. C'est juste Julia, je ne suis pas homo.

1. « Mais tu es qui pour me faire cet effet-là ? »

Dernier jour

Un soir, je branche ma clé USB sur son petit ordinateur portable pour récupérer certaines de nos photos de couple. Le logiciel s'ouvre et apparaît l'explication de sa froideur récente : elle est en photo avec une autre fille, qu'elle embrasse goulûment, toute sourire sous le pont de Brooklyn. Tout s'écroule autour de moi, je le savais.

Quelques semaines plus tôt, j'avais dû rentrer en France pour une histoire de visa. J'étais arrachée à ma vie, à ma copine. À Paris, personne n'était au courant de ma situation, du fait que j'étais avec une fille. Je n'avais plus d'argent, mais je voulais revenir à tout prix à New York, retrouver Julia. J'en pleurais à table devant mes parents, qui ne comprenaient pas pourquoi il me fallait absolument ces mille euros pour retraverser l'Atlantique.

Les messages de Julia, eux, s'espaçaient, elle était moins chaleureuse, moins brûlante d'être avec moi. Moi, je pensais à elle tout le temps, je me mettais au soleil au moindre rayon dans l'espoir d'avoir un teint hâlé et qu'elle me retrouve belle. Enfin arrivée à New York, je mets quatre jours à la revoir, elle est évasive, distante, occupée. « *Oui, oui, on se voit* », me répond-elle, mais on se voit peu. J'ai plus d'appartement, alors j'erre entre chez elle et chez un copain.

Pour moi, notre fidélité était évidente, je l'aimais tellement, j'avais envie de personne d'autre. J'épluche tout : il y a une centaine d'images d'elle et l'autre, autant de messages échangés sur Facebook. C'est horrible, je vis chez elle, je ne sais pas où aller. Je lui envoie un message, comme si de rien était : « *Tu es où ? J'ai préparé le dîner. – Je rentre pas dormir à la maison.* » Je tourne en rond dans son appartement, j'appelle un ami : « *Tu t'en vas, tu n'oublies rien, pas d'acte manqué, pas de boucle d'oreille laissée sur la table de nuit pour la revoir, tu pars !* » m'ordonne-t-il.

Le lendemain matin, c'est la pire journée de ma vie, je rassemble mes affaires. Je pleure avec mon gros sac à dos dans le métro. Elle est entre-temps rentrée à la maison, m'appelle mille fois, cette grande dragueuse hystérique qui essaye de me faire croire que ça n'est pas ce que je crois. Trop bonne trop conne, c'est terminé. Je monte sur le *roof top* attenant à l'appartement de l'ami chez qui je me suis réfugiée et lui écris que j'ai compris son jeu, qui elle était, que je ne veux plus jamais la revoir et que ma douleur est à la hauteur de mon amour.

Je refais le film de notre histoire dans ma tête, revois toutes les choses que je n'avais pas voulu voir à l'époque. Je me pose cette affreuse question de la vérité : qu'est-ce qui a été vrai ? Je voyais rouge une voiture que tout le monde dit verte, mais alors, quelle est la vraie couleur de la voiture ? Celle que je perçois ou celle des autres ? Mon amour ou son infidélité ? Derrière l'aigreur et la trahison, Julia m'a aussi révélée à moi-même, m'a permis de me découvrir sexuellement, de souffrir mais de grandir.

« Je suis super-amoureuse, il coche toutes les cases, il a tout bon : il fera un beau mari, j'ai un bel avenir avec lui. »

Rachida, 72 ans

Premier jour

Je suis jeune fille au pair en Angleterre dans une famille qui me traite comme une domestique. Je m'enfuis pour devenir serveuse en boîte de nuit. J'ai 18 ans, je suis toute seule et je vis dans un petit studio minable. Je ne fais pas grand-chose, je fais la fête surtout, travaille de minuit à 6 heures, et prends des cours d'anglais à la fac la journée. Un soir, un groupe d'une vingtaine de jeunes arrive alors que le dancing ferme. Dans le groupe, il y a George, mais il est avec Emily. Je sens bien que je lui plais, mais il est avec quelqu'un, donc pas touche.

Je recroise George dans le nouveau restaurant où je suis devenue serveuse. Il est en rendez-vous galant avec une autre fille qu'Emily. Je lui dis : « *Take what you want, don't worry about the bill*[1] », cela me fait plaisir. À la fin, il s'approche de moi, me demande à quelle heure je termine. *« 23 h 30 »*. Le lendemain, il arrive à cette heure-là, je pense qu'il a faim, pourtant il vient d'une riche famille anglaise. Il prend juste un thé, il veut me voir en fait. *« Si tu veux, je te raccompagne chez toi »*, me propose-t-il devant ce thé qu'on déteste tous les deux, mais qu'on se force à boire avec le sourire, on en rira après.

Les jours d'après, il m'appelle sur mon fixe, me propose des soirées où je l'accompagne. Celle de son frère étudiant en droit. Puis encore un autre soir, où il veut que je vienne dormir chez lui : *« Je ne suis pas le coup d'un soir. – I promise, I won't touch you*[2]. » On est terrorisés par les grossesses non désirées. On finit par sortir ensemble, je quitte ma chambre insalubre pour le rejoindre chez lui. Je suis super-amoureuse, il coche toutes les cases, il a tout bon : il fera un beau mari, j'ai un bel avenir avec lui.

Emily, sa petite amie du début, le prévient qu'elle est enceinte. George lui demande d'avorter, lui propose de l'argent, de l'aider avec la faiseuse d'anges. Emily disparaît, pour ressurgir devant la maison des parents de George. Elle

1. « Prends ce que tu veux, ne te préoccupe pas du prix. »
2. « Je promets que je ne te toucherai pas. »

tambourine à la porte : « *Cet enfant, c'est le tien*, lui annonce-t-elle, un couffin à la main. – *Je ne veux rien avoir à faire avec ce bébé* », rétorque-t-il sèchement. Je croise ensuite Emily dans le métro, à qui j'explique que je suis avec lui.

J'ai besoin qu'on se marie avec George, même si sa famille ne veut pas de moi. Je lui fais du chantage : « *Je te quitte, si tu ne m'épouses pas.* » La cérémonie a lieu dans un brouillard neigeux, et dans le dos de nos parents, que nous mettons devant le fait accompli. Ma sœur est mon témoin, et George emprunte celui des mariés qui sont passés avant nous car personne n'est présent ni même au courant. On emménage ensemble, on s'amuse bien.

Dernier jour

Je m'en aperçois toujours. À chaque fois qu'il me trompe, son ton de voix change. Il doit rentrer à 18 heures, arrive à 20 heures, essaye d'avoir l'air le plus normal possible, mais plus il adopte un ton badin, plus je le prends en flagrant délit. « *Tu es allé voir quelqu'un ?* – *Oui, je suis désolé, je ne le ferai plus.* » J'imagine qu'il est frustré sexuellement, que le désir est peut-être plus puissant chez l'homme que chez la femme ?

Moi aussi, je le trompe pour me rassurer, pour être moins blessée. J'ai des aventures sexuelles à droite à gauche, mais je ne tombe pas amoureuse. Je ne me suis pas mariée pour vivre une vie maritale hypocrite, avec un fossé béant entre notre image sociale de couple qui reçoit beaucoup, parade à Londres, et une réalité plus sombre. Je ne veux pas vivre mes vingt prochaines années comme ça.

Il revient me voir tout penaud, il a pris connaissance de ses erreurs, me dit-il, accepte une thérapie conjugale. On se retrouve dans une grande pièce assis en cercle, avec quatre couples et un psychologue, à raconter nos déboires matrimoniaux. Le principe, c'est qu'ensuite les autres donnent leur avis sur le récit qu'ils viennent d'entendre. Selon eux, je serais trop « *bossy* », trop dominante, écrasante, pas assez dans l'écoute de l'autre. Mon mari, pour préserver sa masculinité, a besoin d'aller voir ailleurs, de me tromper avec des prostitués, et de me le notifier. « *Tu cherches à me casser les couilles, tu ne le feras pas*, m'explique-t-il. – *Mais moi, je t'aime, on est idéaux l'un pour l'autre* », je m'entends lui répondre, au milieu de cette assemblée de mariages en plein naufrage.

Notre couple s'est délité progressivement, George n'arrive pas à prendre de décision, laisse tout passer, tout couler. Baroud d'honneur : je lui laisse deux semaines pour réfléchir, ça ne peut plus durer comme ça, lui ai-je affirmé, soit on se remet vraiment ensemble, soit on se quitte, mais ce ventre mou adultérin, c'est insupportable. Deux semaines plus tard, il est face à moi, tremblant, mais il va au bout de sa phrase cette fois-ci : « *Je pense que c'est mieux que l'on se sépare.* »

Je fais une grave dépression après ce divorce, je n'y crois pas vraiment, en fait. George s'est toujours laissé faire pour tout, je pense que je peux le récupérer, mais non. Ultime affront : il refait sa vie avec une autre femme. Mais si demain il frappe à ma porte en me demandant : « *Can we live together*[1] *?* », je lui dirai oui. J'ai connu beaucoup d'hommes dans ma vie, mais c'est avec lui que je me sens le mieux, que je partage le plus. Il est mon paradis perdu.

1. « Est-ce qu'on peut vivre ensemble ? »

« Tu n'arriveras plus à me toucher sans penser aux autres, et j'ai pas envie de vivre ça. »

David, 27 ans

Premier jour

J'aime bien le train, ce TER qui m'emmène tous les jours de chez moi à la grande ville, pour suivre mes cours à la fac. Un prof m'a expliqué que le train avait initié les gens au cinéma, à cette habitude de s'asseoir dans un siège et de voir des images défiler dans une fenêtre qui ferait office d'écran. C'est mon cinéma quotidien, je me repasse le film de ma journée, repense à ces moments où j'ai peur d'avoir dit ce qu'il ne fallait pas, ou de n'avoir pas pris la bonne décision, je suis un peu anxieux.

Mais, ces dernières semaines, j'ai un nouveau spectacle à observer. Je ne sais pas comment elle s'appelle. Elle monte toujours deux arrêts après le mien. Souvent, je la vois avant sur le quai, dans le train du matin. Le visage bouffi par le sommeil, elle se brûle la main sur un grand café qu'elle a acheté à la gare ou elle grignote un pain au chocolat et elle met des miettes partout. J'en déduis qu'elle n'est pas mariée et n'a pas d'enfant, sinon elle n'attraperait pas ces petits déjeuners sommaires sur le quai.

Mon moment préféré dans son rituel du matin, dans l'impression d'être presque chez elle, puisque le quai et le wagon du TER sont pour elle une extension de sa maison, c'est quand elle se maquille. Ça dépend souvent d'à quel point elle est essoufflée. Si elle arrive avec le souffle court, tout a été trop court : j'imagine qu'elle a traîné au lit, qu'elle s'est couchée trop tard la veille, qu'elle n'a pas entendu son réveil, qu'elle a couru pour ne pas rater son train et la suite de la journée. Quand c'est comme ça, elle n'a bien sûr pas eu le temps de se coiffer ni de se maquiller, à peine d'assortir ses vêtements. Alors, elle profite du trajet pour le faire, et nous offre à nous, les passagers, l'intimité de sa salle de bain. Je la vois se mettre du mascara, plus ou moins de fond de teint en fonction de sa fatigue, la main de son eye-liner qui tremble selon les secousses du train. Une fois, le TER s'est brutalement arrêté, et le trait a dérapé.

C'est à peu près comme ça tous les matins, elle se met à la même place, moi aussi, je la regarde, elle un peu aussi, mais il ne se passe pas grand-chose. Au terminus, on descend et reprend le fil de nos vies. Jusqu'à ce matin où un chevreuil s'est jeté sous le train précédent et notre TER est bloqué dans sa gare, là, où elle vient de monter. Elle me voit, me sourit comme si on se connaissait déjà. « *Ah, salut* », me dit-elle, tout simplement. J'avais tout imaginé comme premiers mots, mais pas un truc aussi basique que « *salut* ». « *C'est con, je vais être en retard à mon cours*, enchaîne-t-elle, pas vraiment inquiète. – *Ah, tu prends des cours ?* – *Je suis étudiante, oui, en éco. Et toi ?* – *Moi, en droit...* »

On discute comme des copains de lycée, je crois que j'aurais voulu que le train ne reparte jamais et reste toute la vie coincé dans cette gare, qu'un troupeau entier de chevreuils se jette sur les rails, qu'il y ait une épidémie de suicides dans la forêt. Le train est reparti, on était trop en retard pour aller en cours, on est allés prendre un café. On a échangé nos numéros, elle s'appelle Soraya.

Trois jours après, je suis allé chercher Soraya à la sortie de sa fac, on a repris le TER dans l'autre sens, ensemble. Et cette fois-ci, elle est descendue à mon arrêt.

Dernier jour

Elle a souvent de nouveaux sacs à main de marque. Des chaussures aussi. Des fringues trop chères pour son statut d'étudiante pas très soutenue par des parents banlieusards et employés. Je ne sais même pas comment elle paye le loyer de son petit studio, maintenant qu'elle a déménagé dans la grande ville de sa faculté.

Je l'aime bien sûr, mais parfois elle disparaît, sans vraiment de raison. On a convenu de se voir, et puis elle annule à la dernière minute, ou ne me donne même pas de nouvelles. Quand on fait l'amour aussi, parfois, elle n'est plus là, comme si son esprit était sorti de son corps. Elle peut être fuyante face aux questions, j'en parle à un ami, je m'aperçois qu'il y a tout un pan de sa vie qui m'échappe. Il m'encourage à faire ce que je n'ai jamais voulu faire : fouiller dans ses affaires. *« Tu seras fixé comme ça, vaut mieux une vraie vérité qu'une fausse joie »*, préconise-t-il, avec le ton de ceux qui donnent des conseils sans être vraiment concernés.

Un matin, je me réveille à côté d'elle sur le futon posé par terre de son studio qui ressemble à la réserve d'un magasin de vêtements. Rouges à lèvres, bijoux, poudres, parfums, maroquinerie, lingerie, il y en a partout. Elle se lève, me demande si j'ai bien dormi et part sous la douche. J'en profite pour me lever et fouiller. Je ne sais pas trop ce que je cherche. Dans le tiroir de sa commode, je tombe sur un téléphone. Elle en a un déjà, pourquoi en avoir un deuxième ?

Je l'ouvre : plusieurs messages de numéros non enregistrés. *« Coucou, j'aime bien les photos sur ton site, c'est combien pour l'amour ? »* demande le premier. *« Hello, possible comme la dernière fois, même heure, même hôtel ? »... « Salut Kenza, on peut se voir ? J'ai un petit cadeau pour toi... »* Les textos évoquent tous plus ou moins la même chose, parlent d'argent, de rapports sexuels, de rendez-vous, de préservatifs. Soraya sort de sa douche, la serviette sur la tête, j'ai reposé le téléphone et je suis parti me rouler en boule dans le lit, prétextant une mauvaise humeur matinale.

« On y va ? J'ai TD », me dit-elle en me caressant la joue. Je me lève, m'habille, abasourdi par ce que j'ai lu dans son deuxième portable. Je la

quitte sur le trottoir et pars dans un café avec mon ordinateur. Je passe la matinée à éplucher tous les sites d'escort, à la recherche de Kenza + le nom de notre ville. Il n'y a pas toujours les visages sur les sites, des Kenza « beurette sexy », il y en a plein. J'ai sûrement mal compris. C'est pas possible, ma copine ne peut pas se prostituer dans mon dos ?

Au bout de deux heures, mon ventre se tord quand je crois reconnaître un de ses grains de beauté sur une photo. J'essaye de l'appeler, elle ne répond pas, je vais à sa fac, je la cherche partout, j'interroge ses copines : elle est où, Soraya ? D'affreuses images me viennent en tête, je l'imagine avec ses clients, déguisée en femme dominante et ultra-sexualisée comme sur les photos que j'ai vues. Elle qui est si tendre dans mes bras, comment peut-elle accepter la main d'un vieux dégoûtant sur elle ? Et puis ça a dû se télescoper, il y a dû y avoir des jours où elle a fait l'amour avec eux, avec moi, avec très peu d'intervalle. Mon esprit s'agite dans tous les sens, elle ne répond pas à mes appels, j'en suis à mon onzième texto en trois heures.

Soraya me répond en fin de journée, après que je l'ai cherchée partout. Elle est chez elle, on va prendre un verre dans le café en bas de son studio. Je la confonds : « *J'ai lu les messages. – Quels messages ?* nie-t-elle, mollement. – *C'est qui, Kenza ? C'est qui, tous ces mecs qui lui écrivent ? – Écoute, j'ai des problèmes d'argent... Je fais ça de temps en temps, ça paye le loyer, mes affaires, c'est un peu un boulot étudiant. Je ne voulais pas te le dire, tu ne le comprendrais pas.* » Je ne m'attendais pas à ce qu'elle avoue si vite, je suis presque déstabilisé par sa franchise, je ne sais plus si je dois lui hurler dessus, la consoler, si elle est victime ou fait ça par choix...

« *On va devoir arrêter notre relation*, continue-t-elle. *Tu vas devenir fou avec les images que ça va mettre dans ta tête. Tu n'arriveras plus à me toucher sans penser aux autres, et j'ai pas envie de vivre ça.* » J'ai à peine eu le temps de protester, de la rattraper, elle a payé son Coca, elle est remontée chez elle.

J'ai essayé de l'appeler, de lui parler, j'ai eu des réponses polies : « *Je t'ai dit, David, que c'était fini* », puis plus rien du tout. Je suis allé en bas de chez elle, j'ai sonné, elle n'a pas répondu. Je suis passé à sa fac, j'ai repris le train, j'ai croisé les regards ennuyés de ses amies, je ne l'ai jamais revue. J'ai hésité à prendre rendez-vous avec Kenza sur Internet, mais je ne l'ai pas fait.

« J'ai dit à ma femme : "Je suis amoureux, mais d'un homme." »

Ludovic, 49 ans

Premier jour

Je suis marié depuis 12 ans, j'ai trois enfants. Je suis en pleine période de doute, j'affronte des courants contradictoires, je suis un territoire occupé à moi tout seul. Je suis encore très amoureux de ma femme, mais j'enchaîne insomnies, angoisses, je me dis que c'est à cause du boulot. Je rêve d'hommes et pas de femmes, j'ai l'impression que mon inconscient cherche à me transmettre quelque chose, mais je ne sais pas quoi en faire. Je mets ça sous le tapis, je me rassure, je ne me suis pas marié ni par convenance ni par défaut, je ne fais pas semblant. Je sens bien qu'il y a un enjeu de ce côté-là pourtant, mais je ne sais pas comment m'y prendre.

Mon meilleur ami est homosexuel. Je déjeune avec lui, je lui en parle un peu et m'effondre en larmes. Il m'explique que je ne peux pas rester comme ça, qu'il faut que j'aille voir quelqu'un, un psychiatre. Cette démarche me terrorise, j'ai peur d'ouvrir la boîte de Pandore, en même temps je suis fatigué de devoir toujours donner le change. Je finis par franchir la porte du cabinet d'un psy. J'ai une boule dans la gorge, plus de salive, les mains moites. Je raconte n'importe quoi pendant quarante-cinq minutes. À la fin, il me regarde mi consterné, mi amusé : « *Maintenant, vous allez me dire pourquoi vous êtes venu ?* » Je lui balbutie quelque chose autour de mon identité sexuelle. Il me répond : « *Tout ceci n'est pas grave, nous en parlerons la prochaine fois.* » Il me laisse avec mes questions : est-ce que je suis gay ? Bi ? Est-ce que je dois quitter ma femme ?

Je cherche à rencontrer des garçons, j'ai envie d'essayer. Je vais sur des sites de rencontres, je prends mille précautions. Une fois le moment consommé, une fois rentré chez moi, je suis pétri de culpabilité, de ce sentiment de trahison de quelqu'un que j'aime profondément. Je reste en plus très attiré physiquement par ma femme. Je suis complètement perdu.

Je me rends à un colloque sur l'eau pour mon travail. Toute une journée de gens en costard qui parlent d'eau et d'assainissement dans un amphithéâtre. À midi, on déjeune sur de grandes tables rondes. Il reste une place à côté de moi.

Je mange l'entrée. Au plat chaud, il prend la place vide. Je reçois une décharge électrique dans la poitrine, il est beau, brun, jeune, mon cœur s'accélère, je n'ai jamais ressenti ça. Il a un pull beige qui lui donne un air de gardien de brebis des Pyrénées, contrebalancé par la finesse de ses mains. Il s'appelle Antoine. On se met à discuter, on parle d'eau, bien sûr. On convient de se retrouver après la conférence, mais j'ai un train à prendre, on est pas dans la même salle, je suis obligé de lui envoyer un message pour lui dire que je ne peux pas le revoir.

Dans le train du retour, je ne pense qu'à lui. Arrivé à la maison, je lui envoie un mail très professionnel où je me propose de l'aider pour sa thèse sur l'eau qu'il est en train de rédiger. On convient de se voir, mais on n'y arrive pas. On échange, on se rapproche par petites touches, beaucoup de mails, on tourne autour du pot, sur cette ligne de crête si ténue, entre rapports professionnels et envies personnelles. J'essaye de le faire parler de sa vie pour avoir des informations, exercice d'équilibriste qui me permet d'apprendre qu'il est seul, qu'il a 29 ans et pas d'enfant. Ce à quoi il rajoute : *« Mais qui es-tu ? Pourquoi me poses-tu autant de questions ? »* Je fais tapis comme au poker, je prends le risque de ces moments sublimes où la vie peut basculer en appuyant sur la touche « envoyer ». Il me répond dans la minute qu'il est gay. Je ne lui ai toujours pas dit que je l'avais en permanence dans la tête.

Arrive un week-end prolongé, celui du 1er Mai. Notre rencontre devient indispensable. Ma femme part avec les enfants, et je prends un billet d'avion pour le Sud. On s'en va faire de la randonnée, la journée est magnifique, il fait beau, on ne fait que parler. Le soir, chez lui, tout est euphorisant, la table, le dîner, cette envie qu'il a de m'embrasser. Il attrape le col de mon tee-shirt, me demande s'il peut le faire, je ressens un amour incroyable. Les dernières digues tombent. Je m'autorise enfin à aimer un homme.

« Je ne veux plus jamais voir d'autres yeux le matin que les tiens », m'écrit-il dans un message que je lis sur le quai de la gare. Je pleure comme une Madeleine, je retrouve ma femme et mes enfants, on remonte à Paris. Je lui dis tout : *« Je suis amoureux, mais ça n'est pas une femme, c'est un homme. »* Je m'attends à devoir faire ma valise et à partir. Pour elle, ce sont des moments très durs. *« Il faut qu'on trouve une solution*, me répond-elle, *qu'on puisse rester ensemble le plus longtemps possible. »* Mon psychiatre m'enjoint

de me méfier de ces histoires feu de paille, je risque de rétropédaler. Je multiplie les allers-retours dans le Sud, on s'écrit énormément de lettres manuscrites. « *Tout le plaisir du crissement de la plume…* »

Dernier jour

Ma femme souffre beaucoup. Antoine finit sa thèse. Une petite musique selon laquelle je serais allé un peu vite en besogne commence à émerger dans ma tête. On enchaîne les restos, hôtels et nuits incroyables. Je me souviens de cette suite où on voyait les monuments parisiens par la fenêtre. Notre amour nous emmène jusqu'à New York, où je plante femme et enfants pour y aller avec lui.

Je m'apprête à tout quitter pour aller vivre avec lui dans le Sud. On y passe un dernier week-end avant que je vienne m'y installer. On est sur une longue plage, au bord des ajoncs, le sable est très blanc, on a marché l'après-midi, puis on s'est assis. C'est l'hiver, il fait un peu froid, mais on se tient chaud. On parle de notre future vie à deux, de mes enfants que je vais faire venir un week-end sur deux. « *On ne va pas s'emmerder avec tes enfants* », me répond-il, calmement.

Monte avec le soir un sentiment de panique, mais qu'est-ce que je fais là ? Comment ai-je pu me tromper à ce point-là ?

Je retourne chez moi à Paris, il m'a écrit, fébrile : « *Qu'est-ce qu'il s'est passé ? Qu'est-ce que j'ai dit ?* », je ne réponds pas, il appelle sur le fixe, tombe sur ma femme. Plus il me contacte, plus je prends mes distances. Il vient me voir, au bureau, il s'assoit dans mon grand fauteuil. « *Explique-moi, s'il te plaît*, supplie-t-il. – *Je ne peux pas faire comme si je n'avais pas d'enfants.* » Il me confirme ses propos de la plage, mes enfants sont un problème. « *Si je dois choisir entre toi et mes enfants, je n'hésiterai pas, désolé.* » Le moment est tendu, j'ai envie de le consoler, mais il a dépassé les limites. Je le laisse partir, il n'y a pas d'autre solution.

Antoine restera ma plus belle histoire d'amour. Il m'a révélé à moi-même, j'ai enfin arrêté de culpabiliser. Pourtant, je viens d'une famille de gauche, ouverte et tolérante, tout le monde a été bienveillant quand je l'ai annoncé. Je n'avais pas de freins familiaux ni sociaux, seulement une vision trop orthodoxe de la vie, je me disais que c'était pas possible, pas comme ça.

Personne d'autre que moi ne connaissait l'homosexualité d'Antoine. Dès que je lui manifestais de l’affection dans la rue, il se retirait. On s’était acheté des bagues qu’il a eu un mal fou à mettre. J’ai fini par quitter ma femme, on s’entend très bien. Je n’ai pas trop refait ma vie depuis, elle non plus. Je tombe amoureux des gens, pas d’un genre. Je ne suis pas encore complètement latéralisé, et je ne cherche pas à l’être. Antoine s’est marié avec une femme et a eu un enfant.

« Rien que cette histoire, elle va me faire vingt ans de souvenirs dans la tête. »

Michelle, 51 ans

Premier jour

Je suis très instinctive, il fallait que je parte. Mes enfants sont grands et heureux. Je suis avec le même homme depuis 20 ans, à qui j'ai annoncé dans les rayons d'un supermarché, entre les confitures et les lessives, que j'allais partir. Pas que je le quittais, non, mais que je partais de l'autre côté de l'Atlantique, prendre ce nouveau poste aux États-Unis.

Je suis dans l'avion avec quatre-vingts kilos de bagages. Là-bas, en Amérique, je sens que je plais. À 50 ans, j'avais perdu le goût de la séduction. J'ai les cheveux longs, blonds, j'ai perdu du poids, je suis très libérée. Un de mes collègues fait une fête pour ses 30 ans. Moi, je sors d'un dîner chic avec des Américains originaires du Moyen-Orient, je suis habillée très classe, avec une jolie robe noire, qui détonne au milieu de cette soirée de hippies trentenaires dans laquelle je débarque.

Ils fument tous des pétards, moi je n'en ai jamais fumé de ma vie.

Le buffet est minable, tout le monde est aggloméré dans le patio pour fumer. Dans un coin, il y a ce mec éteint, fade. Assez beau, des mains magnifiques. Il se tient debout contre l'embrasure de la porte de la cuisine, habillé tout en marron. Il s'appelle Mathieu et parle dans un français truffé d'anglicismes, il est franco-américain. « *My life is very boring*[1] », me précise-t-il tout de suite. Je l'interroge sur les participants de la soirée : qui sont-ils ? Pourquoi sont-ils là ? Ils sont tous membres de la même équipe de baseball.

Je remarque qu'il a du mal à faire la conversation, du mal à connecter, il met du temps à répondre, souvent à côté. Je mets ça sur le compte des joints qu'il fume, je me dis qu'il est un peu ralenti par le cannabis. La soirée, que nous avons passée agglutinés à discuter, est avancée, je lui demande de me raccompagner. Dans sa voiture, il s'excuse beaucoup, de sa vie nulle, de sa voiture nulle, de sa culture de la loose pas très américaine. La seule chose qu'il ne dénigre pas, ce sont ses gants : il me fait une longue digression sur ses gants de cuir auxquels il tient tant. Il fait des fixettes.

---

1. « Ma vie est très ennuyeuse. »

Je lui propose de venir chez moi. Il est tétanisé, son corps tout maigre se bloque : « *Ah non, mais moi je ne sais pas faire ça le premier soir, mais d'habitude ça fonctionne bien* », me rassure-t-il. La nuit reste douce, il la passe cramponné à moi, me dit qu'il n'a pas fait l'amour depuis longtemps. Cela me semble impossible, lui qui est si beau et si aimable. « *C'est la première fois qu'on me dit ça, que je suis beau.* »

Le lendemain, je lui écris : « *Est-ce que tu as envie que l'on se revoie ?* » Il me plaît, mais je ne cherche pas l'attachement, on a vingt ans de différence, je ne suis pas une cougar, je fuis les mecs jeunes, je n'en veux pas. Cela ne lui pose aucun problème, il n'a eu que trois filles dans sa vie, il vit encore chez ses parents, dans une grande maison imprégnée de ce côté vieille France des expatriés. Il a du mal à se faire des amis, c'est pour cela qu'il tient tant à son entraînement de baseball du samedi à 10 heures.

Dernier jour

« *Je suis un truc comme autiste* », m'explique-t-il au cours de l'une de ces journées entières que l'on a encore passées au lit à ne rien faire, à parler, à fumer et à s'aimer. J'avais bien remarqué qu'il était très fort avec les chiffres, mais nul en orthographe, que quand il rentrait chez lui il fallait absolument qu'il fasse la cuisine, à découper méticuleusement un à un ses légumes. Et son absence de flexibilité : on a rendez-vous le mardi soir, je me libère plus tôt, lui propose le lundi, « *mais non, Michelle, c'est impossible, on avait convenu du mardi, pas du lundi* ».

Comme ce week-end qu'il nous avait organisé dans un chalet au milieu de la forêt, dans les Appalaches. Il n'avait jamais fait ça de sa vie, organiser un week-end. « *Je ne sais pas faire ça, Michelle. – Mais tu vas apprendre.* » Il arrive à réserver l'hôtel, et je lui dis de prendre un sac. Il arrive avec un sac en plastique contenant ses affaires. J'hésite, je ne veux pas lui faire de réflexion : j'ai vingt ans de plus que lui, mais je ne suis pas sa mère, c'est pas à moi de lui acheter un sac. Je ne veux plus être celle qui remplit la fiche d'impôts, la combattante qui gère tout, je veux juste l'aider à éclore. C'est mon amant, pas mon gosse : on part avec le sac en plastique.

La nuit dans le chalet, il m'envoie un long message sur WhatsApp, où il me parle de *Sehnsucht*, ce mot allemand intraduisible en français, qui serait une forme de « désir de l'action de désirer ». Je lui réponds par le même canal, un message que je termine ainsi : *« C'est une folie, bien sûr… et comme toutes les folies, elle peut se fracasser sur la vie. Je n'ai besoin de rien d'autre que de cette liberté. Offre-la-moi. »*

En même temps, je sens bien que nous avons un problème. Tous les jours, je me dis qu'il faut que je le quitte, qu'il doit aller vivre sa vie, moi la mienne, que cela n'a aucun sens, je ne peux pas lui donner d'enfant, il en veut. Il le sent, il le sait, me parle d'autres filles, de son ex qu'il veut revoir, de sa colocataire qui le drague. *« C'est aujourd'hui que j'arrête, tu dois aller vivre autre chose, tu es beau, une femme de 50 ans peut tomber amoureuse de toi, je t'ai réparé, tout est possible maintenant pour toi »,* je me répète dans ma tête ce que je prévois de lui dire ce soir-là.

Bien sûr, cela ne marche pas. C'est notre plus belle soirée, du restaurant on rentre chez moi, on se couche sur la terrasse en teck en regardant les étoiles et les pétales de l'arbre fleuri tomber sur nous. Je n'ai rien réussi à lui dire.

Je retente ma chance deux jours après. « *Il faut qu'on se voie, Mathieu. – Mais on ne peut pas, ce soir, il y a des orages, on ne peut pas sortir.* » Je viens en bas de chez lui en voiture, il sort avec deux parapluies, même s'il ne pleut pas, demande à déplacer la voiture pour qu'elle ne soit pas dans l'axe d'un arbre et qu'on ne risque pas l'électrocution.

Dans l'habitacle, je lui dis qu'il faut qu'on se sépare. « *Il faut que tu ailles vivre ta vie.* » L'orage tambourine sur les vitres, on se serre très fort, c'est fini. « *Dis-moi, quand je t'écrirai, tu me répondras ? – Non, c'est pas possible, on ne peut pas être amis* », lui ai-je répondu.

Il est descendu de la voiture, je suis repartie, effondrée. En pensant au fait qu'il avait touché une sensibilité refoulée depuis tant d'années, moi qui avais été si combattante, si offensive, il a ouvert une porte vers autre chose, vers la poésie. On s'est quittés en s'aimant, c'était un bateau amarré au port, j'ai coupé net, à la hache, dans la tristesse, mais sans destruction. Je n'ai pas empêché quelqu'un de vivre. Sa colocataire allait finir par lui mettre le grappin dessus. Rien que cette histoire, elle va me faire vingt ans de souvenirs dans la tête.

« Je m'interdis d'avoir des sentiments, en fait, je ne me laisse pas le temps. »

Benoit, 33 ans

Premier jour

« Ça sert à rien qu'on se parle, c'est juste de la conversation de soirée, on se reverra jamais, on perd notre temps », me murmure-t-elle à l'oreille au milieu de cette grosse fête dans un squat. Elle est belle, danseuse, vit en Angleterre, elle a les cheveux très courts, teint en une couleur qu'elle appelle *« copper »*, cuivre, une sorte de blond gingembre. Ses cheveux sont entourés d'un foulard rouge et orange assorti à sa veste. J'essaye de la convaincre que chaque rencontre vaut la peine d'être vécue, du serveur de bar au boulanger, c'est toujours intéressant d'interagir. *« C'est superficiel, c'est du small talk et du temps perdu »*, répète-t-elle, avec cet air de défi de quelqu'un ne demandant qu'à être contredite. Je lui soutiens que je la retrouverai, que je retrouverai la jolie fille de la balançoire, parce qu'en partant je la vois s'amuser sur la balançoire qui a été installée pour la soirée.

Pourquoi suis-je parti et n'ai-je pas persévéré ? Parce qu'à ce moment-là, le désir me fait peur. Je fréquente deux filles par ailleurs, sans y croire vraiment, ce sont deux relations que je pourrais éteindre aussi facilement que deux doigts mouillés font disparaître la flamme d'une bougie. Je rentre me coucher, je la retrouverai. J'appelle mes amis, obtiens son numéro, lui écris pour lui dire que j'avais raison, qu'on se reverrait.

Je l'invite à un concert, elle danse super-bien, je suis subjugué, moi qui suis un piètre danseur. On danse ensemble, mais on ne s'embrasse pas. Les baisers n'auront lieu que plus tard, en sortant de la salle de spectacle, lorsqu'on s'amuse et qu'on rit sur les bords du canal. J'ai déjà vécu ce moment-là mille fois, c'est le même schéma que je répète en permanence, c'est mon passe-temps.

Parce que c'est plus marrant de rentrer avec quelqu'un que seul, de découvrir un corps nu. Tout cela, c'est peut-être que pour cet instant où tu déshabilles une fille, que les vêtements découvrent la peau, les sous-vêtements. J'aime bien la lingerie, ça dit des choses sur comment elle a appréhendé sa soirée, si elle a mis des dessous pour l'événement – ça se voit à son habitude de les porter ou pas, à si elle est à l'aise dedans, à si elle se demande de quoi elle a l'air avec. Quand tu mets quelqu'un à nu, tu sais à qui tu as affaire. Je la vois belle et jeune, pressée d'en découdre, de griller les étapes du jeu sexuel. Le sexe avec elle est sympa, mais pas renversant, elle surjoue un peu la nuit d'amour torride.

Dernier jour

J'ai rendez-vous avec elle dans sa colocation d'étudiants, en plein après-midi. J'ai fait exprès, c'est pour rompre. Elle a préparé un délicieux déjeuner, que nous mangeons ensemble. Ensuite, elle me demande de l'aider à réparer ses toilettes et à se reteindre les cheveux. J'ai l'impression qu'elle cherche à m'occuper pour éviter le couperet qu'elle sent tomber. Je lui demande un thé, pour qu'elle se pose calmement dans la cuisine à regarder l'eau bouillir, puis pour qu'on puisse s'asseoir sur son canapé et discuter.

C'est ma règle des trois fois : je ne couche pas plus de trois fois avec une fille, sans avoir avec elle cette même conversation : « *Je n'ai pas de sentiments pour toi, je ne veux pas être en couple, je veux bien te revoir, mais je comprendrais aussi que tu ne veuilles pas une fois que je t'ai expliqué ça.* » Je m'interdis d'avoir des sentiments, en fait, je ne me laisse pas le temps. Ma psy me le déconseille, elle pense que, pour me sauver, il faut que j'arrête de tomber amoureux toutes les semaines, que je suis un cœur d'artichaut qui doit faire une pause. Comme les gens en burn-out qui arrêtent de travailler pour faire le point sur leur vie professionnelle, je ne dois pas m'engager.

En face de moi, elle me regarde et pleure, car elle semble, comme souvent, avoir projeté quelque chose. Ou c'est peut-être la décharge, puisque j'ai parlé pendant presque dix minutes, un flot ininterrompu de paroles. Mon discours est construit. En général les filles ne sont pas habituées à ces crises de sincérité, elles sont confrontées à la lâcheté ou à la disparition. Elle pleure encore, j'essaye de la consoler, je lui distribue un à un les mouchoirs de la boîte qui trône sur la table basse du salon.

Elle me remercie de mon honnêteté, je ne sais pas si elle le pense ou si c'est pour garder une contenance. J'ai envie de pleurer, c'est toujours le même choc, qui touche mon empathie primaire. Je me force à ne pas céder à l'excitation de la séparation, à cette effusion d'émotions qui donne envie d'embrasser l'autre, il s'agirait de ne pas trop brouiller le message. Je finis par partir, je la laisse sur son canapé et m'en vais avec la promesse qu'on se reverra plus tard.

On se revoit un mois plus tard, on refait l'amour ensemble. On se revoit après, encore un restaurant que cette fois-ci j'abrège : je regarde le fond de mon verre d'ennui, avec cette impression de service après-vente pesante. *« Je dois rentrer, j'ai une grosse journée demain »*, je lui glisse une dernière fois.

« Moi, je sais que j'ai aimé gratuitement. »

Laure, 39 ans

Premier jour

Quand est-ce, le premier jour d'une histoire ? La rencontre ? La déclaration ? Si c'est le premier contact visuel, alors j'ai 14 ans et je suis collégienne à Tourcoing. Mon visage est grêlé d'acné, j'ai un traitement lourd qui me dessèche la peau, et mes camarades de classe s'en moquent beaucoup. Je suis timide, complexée, mal dans ma peau, l'adolescence dans toute sa violence. Mon établissement scolaire est huppé, et nous on n'est pas très riches. Mes vêtements viennent de Kiabi et Leclerc, alors que, pour les autres, c'est Chevignon et Naf-Naf. Je suis moyenne en classe, je voudrais être transparente, mais les autres me remarquent quand même. Un jour, lors d'un cours, un élève me dessine à mon désavantage, une corde de pendu autour du coup, mon prénom écrit en gros sur une feuille blanche. À l'époque, je ne savais pas encore ce que le mot « harcèlement » voulait dire.

Pour échapper aux étouffants murs de briques de ma maison de Tourcoing, et à mon collège maltraitant, je me suis inscrite à la chorale de la paroisse. Je me souviens de mon entrée dans la grande pièce, et de lui, Jean-Baptiste, déjà assis derrière son piano. Il est très grand, un peu enrobé et maladroit, mais j'aime bien les grands, c'est protecteur. Et puis il joue bien de la musique, il me tape dans l'œil. On se sourit un peu. Au fur et à mesure des répétitions, je m'aperçois qu'il se met toujours dans mon axe de vision. Moi, il me plaît énormément, je n'ai que lui en tête, mais je n'arrive pas à soutenir son regard, je le détourne, j'ai honte de qui je suis.

Je n'en parle à personne, c'est mon secret, mon trésor, j'ai peur que les autres s'en aperçoivent. Jean-Baptiste est le fils d'amis de mes parents. Un jour, ma mère le voit : *« Ah, j'aimerais bien que ça soit mon gendre »,* je me liquéfie. Les années passent, on se voit, on se parle, on est copains, mais il ne se passe rien. Je l'invite à mes 18 ans, il a toujours quelques kilos en trop, je me dis qu'il me plaît, mais que, si j'arrive à trouver quelqu'un d'un peu plus mince, c'est mieux.

L'été d'après, on est invités tous les deux à un mariage dans une salle des fêtes du coin. Il a mis une veste rouge et une chemise à fleurs. Ma mère vient me voir : *« Laure, t'es aveugle, ma fille, il n'arrête pas de te regarder...* » Mon cœur palpite, ça sera peut-être enfin l'occasion, toutes ces années, ces moments manqués. Jean-Baptiste s'approche du buffet, soulève son verre pour un toast et prend la parole : « *J'ai quelque chose à vous annoncer : je pars m'installer aux États-Unis avec ma petite amie.* » Je suis écrasée par la déception, si j'avais su...

Si le premier jour c'est quand on se déclare, ou qu'au moins on essaye de le faire, alors j'ai 23 ans, je pense à lui souvent. J'ai grandi avec Jean-Baptiste dans un coin de ma tête. Un jour, ma mère m'apprend qu'il est rentré des États-Unis. Il faut que je me lance, c'est enfin le moment, depuis tout ce temps. Je prends un papier, un crayon, une carte postale avec un gros trèfle à quatre feuilles derrière, ça va me porter chance. « *Bonjour, j'ose enfin m'exprimer sur mes sentiments pour toi. Je suis pudique, je suis timide, mais j'ai besoin de te le dire. Je te laisse mes coordonnées, mais ça n'engage à rien, sens-toi libre d'en faire ce que tu veux. Laure.* »

La lettre traîne sur mon bureau, je mets du temps à acheter un timbre, pourtant c'est simple d'acheter un timbre. J'attrape la crève un vendredi soir, je vais chez le médecin, et dans une autre pharmacie que celle où je vais d'habitude pour acheter mes médicaments. Devant la boutique, j'aperçois Jean-Baptiste qui patiente sur le parking. Il est un peu triste, il a cinquante kilos de moins. Je m'élance vers lui, et là sa copine sort du magasin, l'embrasse.

Mon monde s'effondre, c'est en même temps la libération. Je me rends chez mes parents : « *Devinez qui je viens de croiser ? Jean-Baptiste ! Avec sa copine ! Alors que j'avais sur mon bureau une carte postale où je lui déclarais mes sentiments pour lui. La vie m'a envoyé un signe.* » Ma mère me gronde, me dit d'arrêter mes conneries, de vivre ma vie. Il faut déchirer cette carte postale, la jeter à la poubelle. « *Mais non, brûle-la !* » me suggère-t-elle. Mes dix ans d'amour pour Jean-Baptiste finissent consumés dans le barbecue usé du jardin.

Dernier jour

Je suis aux puces. C'est la brocante du 1er Mai, la corvée familiale. Je décrépis devant mon petit stand, quand apparaissent dans mon champ de vision les parents de Jean-Baptiste. Son père me prend dans ses bras, sa mère me sourit.

« Laure, il faut que tu dises à ses parents que tu as des sentiments pour lui », me dis-je en les voyant. Penaude, je demande : *« Et comment va Jean-Baptiste ? – Parfois, on ne comprend pas les choix de nos enfants »*, me répond vaguement sa mère. Le seul moyen de lui dire, c'est Facebook. Je l'invite, il m'accepte, j'y trouve des photos de lui en ambulancier. Je like quelques posts, je cherche doucement le contact.

Un matin, un voisin abîme mon pare-chocs en se garant. Je dois emmener ma voiture chez le garagiste pour réparer les dégâts causés. Sur le parking du Norauto, le voilà, grand, sur sa moto, prêt à partir. *« Bonjour Jean-Baptiste, c'est Laure »*... On parle pendant quarante-cinq minutes, il a maigri, il est négligé, ses cheveux et ses dents sont sales. Il me raconte qu'il a démissionné de son poste d'ambulancier, il en avait marre de faire le larbin, il est en colocation avec son frère et un ami. Ils vivent tous les trois comme des vieux garçons. Il n'a personne dans sa vie, ne veut pas d'enfant avant 40 ans, il est avec sa moto, « bricole ».

Je lui trouve un profil de looser, mais j'ai envie de le retrouver. Son colocataire aime bien l'ésotérisme, écrit des bouquins pas terribles. Sur Facebook, je vois qu'il fait une dédicace sur un Salon du zen à Lille. J'y vais, toujours pour approcher Jean-Baptiste, de près ou de loin, avoir des informations, réussir à lui dire ce que je ressens.

Le lendemain, un petit un rouge apparaît dans ma boîte de messages Facebook. C'est Jean-Baptiste, il m'écrit : *« Laure, je suis troublé que tu ailles jusqu'à un Salon pour voir mon colocataire et chercher des nouvelles de moi. Le sourire constant que tu arbores cache une grande détresse. Il me semble que notre relation n'est pas saine, que ce n'est pas que de l'amitié. Si j'ai bonne mémoire, ça ne date pas d'hier. Tu as maintenant toutes les cartes en main pour te libérer, je te souhaite que ton chemin soit lumineux comme jamais. »*

Je lis, relis ce message, je ne le comprends pas. Qu'est-ce qu'il veut me dire ? Laure, continue ta route sans moi, ou Laure, soigne-toi et après on pourra être ensemble ? J'ai répondu deux-trois jours après : « *Merci pour ta franchise, j'ai des difficultés en ce moment, j'essaierai de devenir un beau papillon.* » Et je l'ai supprimé de mes amis Facebook. J'ai du mal à me dire que c'est terminé : les gens, quand ils me voient, ils pensent : « *La vie de Laure, elle doit être terriblement monotone, elle ne vit rien niveau amour* », mais moi, je sais que j'ai aimé gratuitement. Ma mère m'a toujours dit que j'étais quelqu'un de très fidèle.

« Je ne sais pas vraiment comment on est passés d'amis à amoureux. »

Esther, 8 ans

Premier jour

C'est la rentrée en CP. Nouvelle école, nouveau bâtiment, je suis impressionnée, j'ai peur de me perdre, la maternelle, c'était plus petit. J'ai un nouveau cartable, à roulettes cette fois-ci, fini les sacs à dos. Il y a beaucoup de monde, plein de grands, on dirait qu'ils sont déjà au collège. Et puis il va falloir faire des exercices, apprendre vraiment à écrire.

Le premier jour, c'est aussi le moment où tu apprends qui est qui, de bouche d'enfant à oreille d'enfant, les informations circulent. Je le vois : il est blond, gros, avec des lunettes. Il a les dents en avant et tordues sur le côté. Il n'est pas très beau gosse, il a le même prénom que mon papa, il s'appelle Timothée. On n'est pas dans la même classe, il est en CP B, moi en CP A, je le vois que quand je rentre dans l'école, à la cantine et aux récréations.

Je deviens amie avec une fille jolie qui plaît à tous les garçons, Roxanne. Roxanne est amoureuse d'Alexandre, qui est le meilleur ami de Timothée. Je suis allée le voir en lui disant : « *Salut, moi c'est Esther* », même s'il savait déjà qui j'étais, tout se sait à l'école. Une autre fois, on joue ensemble au ping-pong en cours de sport, il fait exprès d'envoyer la balle au-dessus de ma tête, je n'arrive pas à en toucher une seule avec la raquette. On papote beaucoup sinon, de l'école, de nos copains, des potins, on se raconte des blagues. Je suis contente avec lui, il est calme, il m'aime, je crois, il fait attention à moi.

Un jour, on passe toute la récréation de la cantine ensemble. On est aussi avec Roxanne et Alexandre. Je veux dire à Timothée que je l'aime, je le dis à Roxanne qui le répète à Alexandre qui le prend mal, parce qu'on est un peu amoureux aussi. On est en CP, on ne sait pas trop ce que c'est, l'amour.

On va dans la bibliothèque prendre des feuilles de brouillon. On se met chacun avec des feuilles et des feutres d'un côté de la cour. On s'assoit par terre et on s'écrit des mots. Entre nous, pour faire passer les papiers pliés, il y a Roxanne qui fait la messagère. Elle a même le droit de lire les mots, c'est ma sœur de cœur, je lui fais confiance, je lui dis tout. Elle court dans la cour entre Timothée et moi, et fait passer les papiers plusieurs fois, ça la fait rire.

Je ne sais pas vraiment comment on est passés d'amis à amoureux. Je me sens bien avec lui, je crois que l'amour est venu tout seul, je me suis dit : *« Ah, je suis amoureuse. »* Sur les mots, on s'écrit que l'on s'aime, qu'on se trouve beaux et qu'on veut jouer tout le temps ensemble. C'est ce qu'on fait d'ailleurs après. Je vais voir Alexandre aussi, je lui explique que l'on peut être amoureuse de deux personnes en même temps, que ça n'empêche pas de donner la même quantité d'amour aux deux.

Timothée est bizarre parfois, il est très gentil, et après il m'ignore, ne me parle plus pendant des jours, je comprends pas trop. Il raconte des histoires qui n'ont pas de sens, qu'il n'a pas de père, que sa mère l'a eu avec des produits chimiques. Après, Roxanne me raconte qu'en fait son père est à l'hôpital, mais qu'il ne veut pas le dire, on ne sait jamais trop avec lui.

Dernier jour

C'est l'hiver. C'est fini avec Timothée, on se rend compte qu'on est pas faits l'un pour l'autre, il ne m'aime pas en fait. C'est à cause de Roxanne d'abord. Elle a fait semblant d'être amoureuse de Timothée, à aller le voir tout le temps en lui disant « *Je t'aime* », ou en criant « *Ne me quitte pas* » dès qu'il change de pièce. Timothée y a cru, bien sûr, parce que lui, il est vraiment amoureux de Roxanne, et ce depuis le début du CP. Roxanne n'avait jamais été amoureuse de lui, il avait l'impression que c'était enfin la victoire, mais non, c'était un mensonge, et ça a été son « traumatisme » pour lui.

Puis Timothée, il fait le pitre. Parfois il m'aime, parfois il ne m'aime pas. Un jour, c'est encore la récréation de la cantine. On est tous dans la cour, à côté du préau. Il y a une fenêtre qui donne sur une pièce avec à l'intérieur un ordinateur. Dedans, les CM2 qui ont le droit d'utiliser l'ordinateur entre midi et deux mettent de la musique. On leur demande de mettre « Ça les dérange » pour pouvoir danser avec mes deux sœurs de cœur, Roxanne et Inès.

On fait une chorégraphie toutes les trois, et dans un coin il y a Timothée et Alexandre qui nous regardent, debout, dans un coin de la cour. Timothée joue avec un petit objet dans sa main, un truc métallique. Il me le lance en le faisant glisser par terre, puis en me le montrant du doigt pour me faire comprendre que c'est pour moi. C'est un cadenas en forme de cœur doré, qui sert à fermer les journaux intimes des enfants. Il me le donne sans me parler et continue à me regarder comme s'il était très amoureux et que je dansais trop bien. Je suis contente de son cadeau, je me dis qu'il m'aime vraiment en fait, pour avoir trouvé ça et décidé de me l'offrir.

Après, on joue à « fille attrape garçon », c'est un jeu très drôle où les filles doivent attraper les garçons et les garçons se cachent. On aime bien ce jeu, ça fait toujours plein de disputes et de potins. Je lui cours après, il se réfugie dans les toilettes, j'en profite pour lui parler, pour lui demander : *« Timothée, on est amoureux ou pas ? »*, il me répond : *« Entre les deux, en même temps je suis amoureux, en même temps je ne le suis pas. »* Je suis vexée, je lui dis *« ah OK »*, mais dans ma tête je me dis que ça n'est pas possible, c'est n'importe quoi, il est pas fiable. Notre histoire est finie et je ne suis même pas triste.

Maintenant j'ai qu'un seul amoureux, celui que j'ai depuis avant même la première année de maternelle, c'est un peu mon meilleur ami aussi. Je me tiens tranquille et j'arrête les feux de l'amour à l'école, c'est trop compliqué, tout ça, pour moi.

« Je pensais être tellement nulle que personne ne pourrait m'aimer autant que lui. »

Julie, 26 ans

Premier jour

Un pot de campagne électorale. Fraîchement diplômée de ma fac de droit, je m'approche de lui, l'élu, charismatique et rayonnant au milieu de la pièce de militants. Je me faufile, l'aborde et lui glisse mon CV. Trois jours plus tard, il me recrute comme collaboratrice à ses côtés. Je ne me dis pas que ça va vite, je suis naïve, j'ai toujours rêvé de travailler en politique, et puis je n'ai pas de vie à l'époque. J'habite chez mes parents. Pas de copain, pas trop d'amis. Je ne suis embauchée qu'à mi-temps, mais je suis là de 9 heures à 20 heures.

Mon élu donc est bien plus âgé que moi, marié avec enfants, séduisant. J'ai un coup de cœur professionnel, je suis fière de travailler pour lui, on est connectés mentalement. Je suis passionnée, ne mets aucune barrière, n'écoute pas mes parents qui m'alertent sur le fait qu'il aime bien les jeunes filles, qu'il est connu dans la région pour être un peu limite. Notre relation dérape doucement, nous déjeunons de plus en plus ensemble, les compliments sur mon physique sont plus récurrents : je suis belle, jolie, attirante. Les textos se font plus tardifs dans la soirée aussi, avec cette règle : « *Passé 22 heures, tu dois me tutoyer.* » Mes amis flairent le truc, me préviennent : « *Ah, toi, tu es en train de tomber amoureuse de ton patron, fais attention, c'est dangereux* », mais je ne les écoute pas, ils ne comprennent pas ce qu'on vit, ils sont jaloux.

Il est marié certes, mais me dit qu'il n'est pas amoureux de sa femme, qu'il est en manque d'affection, qu'il n'a aucune confiance en lui et que son charisme politique tant reconnu est une façade. Je pense pouvoir être sa solution. Un soir, il nous réserve une chambre d'hôtel, alors qu'il n'y avait eu aucun contact physique entre nous. Je me suis faite belle pour ce beau lieu. Nous déposons nos affaires dans la chambre, il est tôt dans la soirée. Il m'offre un CD de Françoise Hardy, je ne comprends pas vraiment pourquoi, question de génération sans doute, mais il a l'air ému, alors je le suis. Nous redescendons dans le salon de l'hôtel. Perchés sur la mezzanine, il m'embrasse, me serre, sa langue fait des embardées. En moi-même je pense que j'ai connu mieux, mais la fascination prend le dessus. La première nuit est idyllique, Cendrillon d'un grand palace, j'ignore les warnings qui clignotent.

La suite est réjouissante, on va de chambre d'hôtel en restaurants cachés. Mais, très vite, il bascule. Parfois je reçois des mails incendiaires sur le boulot, pour rien. Ou il m'ignore pendant trois jours. Moi qui suis de nature équilibrée, bienveillante et non possessive, je deviens cinglée, je le harcèle, pense que c'est de ma faute, que son silence est une punition. Lui est un marchand d'insécurité, une montagne russe à lui tout seul, je passe d'une connexion totale à un marasme aussi fort. *« Tu ne sais pas être heureuse »*, me répète-t-il souvent.

Dernier jour

Nous sommes dans un jardin public pour une manifestation. J'arrive en retard et je le vois sur un banc, assis à côté d'une superbe brune aux cheveux bouclés. Je la connais, il m'en a déjà parlé : plus le temps passe, plus moi, je me dégrade en beauté, alors que les filles, les autres, deviennent sublimes. Je m'immisce dans leurs rires et leurs conversations pour le rappeler à ses obligations. Il ne bouge pas. Je suis jalouse, la haine me consume, je l'appelle, je sais, c'est ridicule, alors que je suis à cinquante mètres de lui. Au téléphone, je lui hurle dessus, lui dis que je n'en peux plus de ses fausses promesses de quitter sa femme avec laquelle il a eu un enfant entre-temps, alors que moi aussi, enceinte de lui, j'ai dû avorter seule. Des autres filles aussi dont il ne se prive pas. Il se lève, me rejoint, avec cet air goguenard de *« mais qu'est-ce que tu as petite folle ? »*, alors que c'est lui qui m'a rendue comme ça. Je le pousse à deux mains, comme pour me battre avec lui, puis je m'échappe en pleurs de cet esclandre.

Deux jours après, je pars en vacances en famille et me répands en textos d'excuses pour la scène violente que j'ai provoquée. Pardon, pardon, désolée, je ne voulais pas... Il m'ignore. Ma mère, inquiète, intervient et préconise un passage chez le psy. J'ai rendez-vous deux jours après, et le premier quart d'heure dans son cabinet je pleure comme jamais. J'ai mis des mois à démissionner de mon travail, de lui et de son emprise. Grâce à mes collègues et à mon psy, je rallume doucement la lumière et comprends tout ce que j'ai vécu, sa perversion et sa manipulation.

Je quitte enfin mon élu et lui envoie une lettre assez dure, recommandée, avec accusé de réception. Derrière il m'appelle, me dit que c'est pas possible, que je ne peux pas partir, qu'il m'aime, qu'il a besoin de moi, mais ne s'excuse jamais. Le jour de ma démission, il m'envoie une photo de sa main avec une bague qu'il a couru acheter à la bijouterie, avec mon nom gravé à l'intérieur. Il ne portait pas d'alliance avant, illustration de son mariage déçu. Je lui avais suggéré d'en porter une pour moi, que ça éloignerait les autres filles et incarnerait la puissance de notre relation.

Sa photo d'alliance, ses appels, ses textos, je n'y crois plus, depuis que mon psy m'a dit que c'est de la manipulation et que j'ai appelé une de ses ex, elle aussi tombée au champ d'honneur. Au téléphone, elle me raconte ses années passées à se débattre avec lui, avec tout ce malheur, à se sentir prisonnière. Ça m'a rassurée, je me suis dit que c'était pas moi le problème.

J'aurais pu balancer ton porc, balancer mon élu, mais je n'ose pas. J'ai peur d'être traînée dans la boue, qu'il détruise ma carrière politique balbutiante. J'ai encore du mal à me pardonner d'avoir été sous emprise, d'avoir accepté l'inacceptable. C'est difficile pour les autres de comprendre pourquoi je ne suis pas partie plus vite, pourquoi j'ai atteint ce niveau d'annihilation. Mon psy m'a dit que c'étaient les mêmes mécanismes que pour les femmes battues, mais que c'était psychologique. Que je pensais être tellement nulle que personne ne pourrait m'aimer autant que lui. Mais ça, c'est pas vrai, et mes proches, les autres, ont été les gardiens du temple, ces petites voix qui m'ont répété jusqu'à ce que je l'entende enfin que non, je n'avais pas à être traitée comme ça.

« Sept mots, et c'est tout. Terminé. »
Raphaël, 43 ans

Premier jour

Je me sens un peu seul. Je sors d'une relation courte qui s'est mal terminée – un stop brutal, sans prévenir. Je m'inscris sur un site de rencontres pour voir des gens. Je tombe sur Linda, qui parle de montagne et de chocolat, ça tombe bien, j'aime le ski et la pâtisserie. J'ai une culture de la correspondance, alors on s'écrit beaucoup. J'aime pas le côté questionnaire administratif de ces interfaces, le *« Tu fais quoi dans la vie – tu habites où – tu as des hobbies ? »*, j'ai un grand besoin d'authenticité. On s'écrit, mais on ne se voit pas, un peu comme les correspondants étrangers de quand on était enfants. Au bout d'un mois et des dizaines de messages, je romps cette amitié épistolaire : *« Et si on dînait ? – Oui, c'est une bonne idée »*, me répond-elle.

Je passe des heures à chercher le restaurant qui colle au moment, pas trop loin de chez elle, quitte à ce que la soirée soit ratée, au moins bien manger. Je tombe sur une auberge de village, cheminée et cuisine inventive. Je mets mon pull gris col fantaisie, celui dans lequel je me sens bien. J'ai une heure et demie de route, le temps pour moi d'écouter de la musique à fond pour me donner du cœur à l'ouvrage. J'y vais dans l'optique d'être déçu, je ne crois pas aux photos sur Internet, l'écran lisse les imperfections. Mais la soirée est belle, la pleine lune du trajet se reflète sur les étangs alentour.

Je suis toujours très à l'heure, à la minute près. Sur le parking, je me gare à côté de sa Twingo noire. Tout bascule quand elle sort de sa voiture, dans un effet Vénus de Botticelli qui émerge des eaux. Je ne m'aperçois même pas qu'en fait il pleut dehors. Elle est grande, mince, apprêtée, maquillée, parfumée, c'est une très belle femme. Dans le restaurant, les gens se retournent sur son passage, mais elle est fragile, timide, pas consciente de son charme.

L'évidence s'impose à moi le temps qu'elle s'assoie à table. Ça sera elle. Notre discussion est entrecoupée de silences, pas des silences d'ennui, non, de ceux où l'on se regarde avec un sourire idiot. Je ne sais même pas s'il y a du monde autour de nous. À part les serveurs qui s'amusent de notre fulgurance, et les lumières qui s'éteignent dans la pièce, il va falloir rentrer maintenant.

Sur le parking, elle me propose un café chez elle avant que je reprenne la route.

Je découvre une petite maison moderne, l'intérieur confortable et dépouillé d'une mère de deux enfants divorcée. Le moment est plus apaisé, on parle de nos cicatrices d'enfance, de famille, de ces choses que je n'avais jamais dites à personne. Il est 3 heure du matin, elle doit prendre sa classe le lendemain – elle est maîtresse d'école, et moi j'ai encore cent kilomètres avant de rentrer chez moi. Sur le palier, il y a bien un blanc, mais je repars avec l'impression de l'avoir trouvée. Sur la route du retour, je dois m'arrêter, à la sortie d'un village, près d'un vieil arbre, pour respirer la nuit, chercher encore plus d'air et palper le réel. Le monde semble différent d'un coup. Je comprends que, en dépit de mes 40 ans passés et de mes nombreuses histoires, elle est mon premier amour.

Dernier jour

C'est le jour de mon anniversaire. J'aime bien mon anniversaire, c'est un jour où j'essaye de me faire plaisir. J'ai prévu de passer la soirée avec Linda, c'est génial. Je passe chez un grand pâtissier acheter un gâteau, c'est une femme formidable qui mérite beaucoup d'efforts. On dîne chez elle, je lui offre un livre, elle aussi, un roman sur le sens de la vie. Le vin est bon, la discussion aussi. Tout va bien.

À la fin de la soirée, je perçois une petite tension, un peu diffuse. Comme pour conjurer le sort, je lui propose de dormir sur le canapé si elle préfère. « *Bien sûr que non* », me répond-elle. On va se coucher. Dans son lit, je me rapproche d'elle. « *Je ne ressens plus rien pour toi* », expulse-t-elle, d'un ton égal et neutre. De celui de la conversation. Sept mots, et c'est tout. Terminé.

Je reste bloqué, sidéré, j'ai rien à dire, je ne sais s'il faut se battre, protester ou s'en aller. Je lui tourne le dos dans le lit, je ne dors pas de la nuit, je pleure un peu, ne veux pas la blesser, l'encombrer de sa propre décision. « *Je sais que je te fais du mal* », me murmure-t-elle. Elle finit par s'endormir, moi je me lève une fois, deux fois, je descends au salon, prépare mes affaires pour partir. Mais je ne vais pas partir à 4 heures du matin comme ça sans rien, je cherche un bout de papier pour lui écrire un mot, mais je ne trouve pas les mots, ni le papier. Je suis coincé toute la nuit, à me retourner sans arrêt dans les draps du lit.

Le réveil sonne enfin, je saute sous la douche, m'enferme dans la salle de bain. Elle est là, me regarde en pleurant, interdite. C'est le moment du départ, celui où on a envie de dire de grandes phrases qui ne viennent pas, mais j'ai rien de grandiose, que des trucs lamentables à bafouiller. Elle me prend dans ses bras, je m'effondre, comme un évanouissement intérieur.

Je reprends le volant de ma voiture. Quelques kilomètres plus loin, je ne tiens plus, je m'arrête, je descends et pars hurler dans un champ, pour faire sortir cette douleur vive et aiguë. J'arrive au bureau dans un état second. Pourquoi elle a fait ça ? Pourquoi elle a fait ça le jour de mon anniversaire ? Pourquoi elle a attendu la nuit et la pénombre du lit ? Elle m'a offert un traumatisme pour mon anniversaire, un monde terminé dont je ne reviendrai pas. Je comprends qu'elle sera mon dernier amour.

« Il est obligé de mentir à sa famille pour qu'on se voie. »

Héloïse, 28 ans

Premier jour

Le centre-ville de Rabat, au Maroc. J'habite dans cette ville depuis un an déjà. Sur la grande place, il y a des restos avec des parasols et des tables dehors, j'y vais souvent avec mes collègues pour déjeuner. Il y a plein de bureaux, de banques, de cadres sup dans le quartier, et des mecs en costume qui circulent. Je le vois lui, seul à une table, très beau, musclé, costard cintré et barbe bien taillée : « *Ce mec est magnifique* », je m'exclame devant ma collègue. Il m'observe derrière sa fourchette. Quelques regards échangés pendant le déjeuner, mais mon après-midi de travail m'appelle, le moment n'est pas propice à la rencontre.

Son souvenir reste, le mois qui suit, j'y repense de temps en temps. Je le recroise, il monte des marches que je redescends, il doit travailler dans le coin. Il reprend sa table au restau, moi la mienne, et on s'y croise de plus en plus. À chaque fois, c'est le même manège, sourire et regards appuyés. J'ai le cœur qui bat, mais impossible de l'aborder. Une fille ne fait pas ça dans ce pays. Tant pis, j'attendrai.

Dix fois, on s'est croisés, à la même heure, dans le même restaurant. Dix fois, on s'est regardés. Dix fois, on s'est souri. J'ai cherché tous les stratagèmes possibles pour lui donner mon nom, mon numéro. L'inscrire sur l'addition, lui glisser au moment de partir, le faire passer par un serveur... Je n'ai pas osé, je ne sais même pas s'il parle français.

Ma copine qui déjeune avec moi : « *Ça suffit, votre jeu, là ! Montre-lui qu'il peut venir t'aborder, souris-lui cinq minutes d'affilée, il va bien finir par bouger !* » Finalement, il se lève, part du restaurant, mais, au moment où il sort, me fait un signe de tête comme pour me dire « viens ». Je n'ai pas fini mon assiette, j'abandonne mon club-sandwich, j'attrape mon sac, mon manteau, et je sors sur la place. Je ne le vois plus, je m'inquiète, mais il est en fait cinquante mètres plus loin, à m'attendre.

« *Je m'appelle Ahmed* », prononce-t-il avec un accent arabe très marqué. Il ne parle pas bien français. Me tend son téléphone pour que j'écrive mon numéro. Moi, c'est Héloïse, et j'insiste sur le tréma. Je retourne au restaurant, retrouve mon amie, et découvre quelques instants plus tard un message de lui : il est content de m'avoir parlé, et on convient d'un verre le lendemain. La communication n'est pas facile, c'est un frein, car on n'arrive pas à se dire beaucoup de choses. Heureusement, il y a Google Translate.

Il ne boit pas d'alcool, il est très pratiquant, vit chez sa mère avec ses frères et sœurs, vient d'un milieu traditionnel, classe moyenne assez pauvre, il est le seul à s'en être un peu sorti. Il travaille bien dans une banque, mais le dimanche il vend des légumes au souk avec son frère.

Une semaine après, on se retrouve à Marrakech, où je suis en week-end pour le boulot et où lui est venu s'échapper de Rabat. Le premier soir se passe dans les volutes d'un bar à chicha, il me fait un peu la cour, j'en ai très envie, mais j'hésite. Il griffonne son nom et le mien en arabe sur un coin de serviette en papier, m'apprend à compter. *Wahed, jouj, tlata*. Il me raccompagne, j'esquive sa bouche goût thé à la menthe. Le lendemain, j'ai un cocktail professionnel, il me propose de le rejoindre en boîte de nuit – c'est un gros fêtard, même sans alcool, ça m'impressionne. J'y vais, en me disant que je ne vais pas l'embrasser sur la piste de danse, c'est trop cliché. Raté, ça dure jusqu'à 5 heures du matin.

Le dimanche, je rentre avec lui à Rabat en voiture. À chaque feu rouge, il prend ma main dans la sienne et l'embrasse. La sonnerie de son portable retentit : c'est l'appel à la prière du muezzin. Il s'arrête sur l'aire d'autoroute la plus proche pour dérouler son tapis et s'agenouiller. Tout ça, c'est un peu nouveau pour moi, je ne sais pas dans quoi je m'embarque. Très vite, je comprends qu'il est impossible pour lui de faire sa vie avec une non-musulmane. Et pour moi, il est impensable de me convertir.

Dernier jour

On rentre d'un séjour à Paris ensemble. À l'arrivée, il me prévient qu'il va passer quelques jours au bled, qu'il n'aura pas trop de réseau et qu'il ne pourra pas m'appeler. Je n'ai pas de nouvelles pendant une semaine. À son retour, je le harcèle pour qu'on se voie parce que je ne le sens pas, je veux lui faire cracher le morceau.

Je le retrouve dans ce bar où on va souvent, à côté de la place où l'on s'est rencontrés. C'est notre bar secret. Il y a une terrasse cachée où je peux prendre un verre de vin, et lui un jus de fruits. Il s'excuse de ne pas m'avoir donné de nouvelles. Je lui demande d'être très clair avec moi, lui dis que je ne peux pas continuer dans la clandestinité. Il a toujours peur que les gens parlent, il est obligé de mentir à sa famille, d'élaborer sans cesse des combines pour que l'on arrive à se voir.

Moi, j'ai envie de poursuivre notre histoire, mais je ne peux pas comme ça. Je le presse de questions, je sens bien qu'il ne veut pas me quitter devant un bol d'olives. Sa mère est très présente, elle lui met la pression pour qu'il se marie. Il a 31 ans, ce n'est pas bien vu dans la société d'être encore célibataire à cet âge-là. Depuis cinq ans déjà, elle lui présente des cousines ou des voisines du bled. Là encore, pendant sa semaine de vacances au village, sa mère lui a fait rencontrer une fille.

« *Mais tu ne vas pas te marier avec cette fille ?* je lui demande, inquiète. – *Si ça rend ma mère heureuse, je le ferai pour ma mère.* » Il n'a pas la force de s'opposer à sa famille pour épouser une non-musulmane. Il y a le problème de l'alcool aussi, il en a marre que je boive. Je lui réponds que je préfère qu'on s'arrête là. Je suis amoureuse de lui, il a des sentiments pour moi, c'est trop bête, je pleure.

Il se prend la tête entre les mains : « *Je suis un connard, je suis un connard. – Cela aurait été plus simple que tu sois vraiment un connard pour que je puisse t'oublier. – Je peux être vraiment con, je peux aller embrasser les deux filles de la table de derrière, si tu veux, comme ça tu auras de vraies raisons de me détester*, me propose-t-il en montrant les deux personnes attablées à côté de nous.

– *Non, non, pas besoin* », je bredouille. Dehors, il me prend dans ses bras, m'embrasse sur le front. Je pleure dans le taxi pour rentrer chez moi. Il y avait trop d'obstacles dans notre relation, le poids de la famille, de la tradition, de sa mère, qu'il ne pouvait pas laisser comme ça, pas trahir, il fallait qu'il lui rende tout ce qu'elle avait fait pour lui. Il ne m'aimait pas assez pour affronter ces obstacles, pourtant lui aussi avait eu un coup de foudre. Lui aussi n'avait pas osé venir me voir pendant toutes ces semaines, il m'avait fait ce signe de la tête, avait eu peur parce que je ne m'étais pas levée tout de suite, et aurait été triste de passer à côté de tout ça.

« Ken, parce que le beau cousin s'appelle Ken – ses parents ayant fait un heureux pari sur l'incertitude génétique. »

Marie, 31 ans

Premier jour

C'est une histoire de cousin d'ami de vacances. Un cousin bronzé aux yeux bleus croisé sur une grande pelouse d'été. Un ami de vacances qui vient ensuite à Paris, il veut revoir ma copine, Alice, qu'il aime bien, il trouve qu'elle ressemble à la chanteuse Alizée.

C'est donc une sorte de double rendez-vous : moi, Ken, parce que le beau cousin s'appelle Ken – ses parents ayant fait un heureux pari sur l'incertitude génétique –, l'ami, et mon amie Alice, pas vraiment le sosie d'Alizée en fait. On n'est jamais assez nombreux pour siroter un cocktail trop sucré dans un bar irlandais, d'autres copines se sont jointes au spectacle. Nous sommes donc bien une demi-douzaine de filles face à ces deux garçons plus âgés. Mon ami aime autant Alice, qui ne l'aime pas, que moi j'aime Ken, qui ne m'aime que comme une jeune blonde de 16 ans, lui qui en a trois de plus, mais n'est qu'en terminale.

La soirée passe, c'est un peu la foire d'empoigne pour Ken. J'ai autorisé mes copines à le regarder, mais pas à le draguer : le monopole de son accès m'est réservé. Je n'ai aucune idée de si je peux lui plaire, ou de s'il me plaît, c'est surtout un joli défi de séduction. Qui fonctionne presque, à la fin, le soupirant d'Alice me dit que j'ai plu à Ken et me transmet son numéro : *« Vous pourrez vous revoir à Paris sans moi »*, sourit-il.

Je rentre un numéro plein de 8 dans mon Nokia 3310 coque vache et lui propose un café. Qui se concrétise une semaine plus tard, un jour férié de mai, dans un établissement tout blanc, où le café allongé – pour faire durer au maximum les deux euros de boisson, on est lycéens – nous tient bien quatre heures. Ken me parle de sa famille, de sa vie beaucoup, il se confie, je crois à un échange riche. Heureuse de l'avoir rencontré et de notre bonne entente, j'imagine qu'il y a quelque chose, que ça peut marcher.

Cela me semble même inespéré quand, devant la bouche de métro, il me propose que l'on se retrouve le jour férié d'après, celui du 8 Mai. J'ai l'impression d'avoir gagné au Loto, et je pense :

« Ne souris pas trop » quand je l'entends me dire que cela lui ferait plaisir de me revoir. Moi l'adolescente un peu bizarre, mal engoncée dans une vie que je comprends mal, physiquement incertaine, j'ai décroché le gros lot, le beau Ken. Ken ne m'embrasse pas, vaut mieux, je n'ai embrassé qu'un garçon auparavant, un dénommé Gaspard, une semaine après que l'orthodontiste a enfin accepté de me libérer de mon appareil dentaire. Gaspard ne me plaisait pas vraiment, mais j'ai senti que cela serait facile avec lui.

Tellement facile qu'après quelques baisers empressés il n'avait plus voulu me quitter. Déstabilisée par son entrain, j'avais fait la morte, laissé sonner infiniment mon Nokia 3310 coque vache qui entonnait *La Marseillaise* à chaque appel. Gaspard avait même appelé sur le fixe d'une amie, qui lui avait répondu benoîtement : *« Je ne comprends pas, moi j'arrive très bien à la joindre. »* Gaspard s'était enfoncé dans son désespoir et son insistance téléphonique. J'avais fini par écrire un message sur Live Messenger, une phrase cliché que j'avais pompée dans une série : *« Je préfère qu'on se sépare, c'est pas toi, c'est moi, je préfère qu'on soit amis. »* On n'a jamais été amis, mais *La Marseillaise* s'est arrêtée.

Depuis Gaspard et ses embrassades machine à laver, je n'avais pas retenté. Le 8 Mai donc, je retrouve Ken, ses yeux bleus et son air aérien dans un grand jardin où l'on reprend un café sur des chaises en métal inconfortables. On parle de la vie, de la philo et du lycée comme des adolescents qui ont lu Kundera et Zweig et pensent maîtriser les errements de l'existence.

On passe sur la pelouse du parc comme on serait passés au salon après avoir dîné, se vautrant sur ce grand canapé herbacé. Ken m'embrasse, comme un grand de terminale se rue sur la petite première inexpérimentée. On se roule dans l'herbe, on s'embrasse encore et beaucoup, je suis euphorique. Cette intensité est amoureuse, j'en suis persuadée. Une grande relation m'attend avec Ken, il est beau, on parle pendant des heures – au moins deux cafés de quatre heures chacun, on s'embrasse très fort. Mon seul référentiel était Gaspard, et on est nettement au-dessus.

Il faut bien rentrer, demain il y a lycée. On prend le métro, tout collés, à prolonger l'étreinte jusqu'au changement de station. « *Je descends là, je t'appelle ce soir* », me promet-il en m'embrassant une dernière fois. Je reste là sur mon strapontin, à savourer mon butin, comme après un braquage.

Dernier jour

Ken ne m'appelle pas. Je suis enfermée dans ma petite chambre d'adolescente, à attendre derrière les rideaux fermés, parce que j'essaye de dormir pour faire passer le silence plus vite. Je ne comprends pas. Je lui ai envoyé un premier message badin, détendu et plat, un truc à base de *« Coucou, tu passes une bonne semaine ? »*, mais mon Nokia 3310 coque vache n'a pas bougé.

J'efface son numéro pour ne pas être trop tentée, pudique sur la place qu'il prend dans ma tête à ce moment-là. J+8 de disparition. Mon téléphone vibre, des petits chiffres s'affichent, un numéro non enregistré, Ken ? Non, un copain qui me propose de sortir. J'écris à son cousin, apparemment Ken va très bien, pas de téléphone volé, ni de main amputée dans un accident qui l'aurait empêché d'écrire.

Faible comme je suis – j'avais noté son numéro sur un cahier caché au fond d'un tiroir –, je décide de jouer mon va-tout, un ultime texto pour le faire réagir, à J+15. *« Tu sais avec ton silence, je pourrais dire que ça fait deux semaines qu'on est ensemble. »* Rien. Je re-raconte pour la millième fois à n'importe quelle copine pas au courant les faits, les cafés, les baisers, l'impression d'intensité et de durée. D'une rencontre, une vraie. Ainsi, je la revis et décortique chaque élément à la recherche de l'explication que j'aurais ratée. Je ne comprends pas comment ce que j'ai ressenti, de si fort, ne peut pas être partagé, au moins un peu. Je découvre l'altérité dans ce qu'elle a d'incertain, et les émotions, dans ce qu'elles ont de thermomètre détraqué. Ken passe, mais laisse une phobie, celle du silence.

L'été arrive. Je pars en vacances avec Alice et deux copains. J'apprends vite que Ken est chez son cousin, qu'il y travaille comme moniteur de parc d'attractions. Son cousin, qui n'a pas lâché le dossier simili-Alizée, me propose un grand dîner de retrouvailles, chez moi, dans la maison de vacances de mes parents. J'hésite, partagée entre mon humiliation mal digérée, et mon envie de le revoir. Je cède, Ken arrive, comme s'il ne s'était rien passé, comme si mon agonie de mai n'avait pas existé.

Et Ken me drague autour du barbecue, me cherche du regard, semble attiré par moi comme avant. Je comprends encore moins. La soirée avance, il y a encore une histoire d'herbes, celle d'un champ où l'on passe la nuit sur un matelas infesté de puces. Il essaye de m'embrasser, je proteste : *« Mais pourquoi tu ne m'as jamais rappelée ? »* Il maugrée une explication sur son bac, une autre fille qu'il a rencontrée, rien de très constitué. Pendant que je dépérissais dans ma chambre, il n'y pensait pas. Je découvrais péniblement que l'emportement ne valait rien, n'indiquait rien, ne garantissait rien, et lui s'amusait avec ses copains.

On passe la nuit comme ça, moi dans ses bras, à refuser qu'il m'embrasse, seule sanction molle que je trouve à la situation. La semaine continue, il a encore envie de me voir, insiste pour venir à la maison. Le dernier soir, on organise une grande fête, il vient avant, on est encore dans l'herbe, cette fois-ci je cède comme on se brade, comprenant qu'il ne me rendra pas ce qu'il m'a pris, qu'il ne m'aimera pas non plus, et que foutu pour foutu, autant passer une bonne soirée.

Alice et mes deux copains rigolent de ma faiblesse. Enfin, pas l'un des deux : fort des sentiments qu'il prétend avoir pour moi, et qu'il m'a déclarés opportunément devant un fleuriste quelques mois plus tôt (« *Tu veux pas sortir avec moi ? Attends, je vais t'acheter une rose* »), il s'amuse à ruiner le peu qu'il me reste.

Ces quelques heures de Ken se finissent avec la nuit, devant une sollicitation sexuelle que je ne peux satisfaire. Je suis trop jeune, on s'endort, le lendemain je pars et lui aussi. Je lui envoie encore un message. Il n'y a jamais répondu.

« Je suis triste de ne pas pouvoir continuer, mais rien d'insurmontable. Je ne sais plus comment on s'est dit au revoir. »

Ken, 35 ans

Premier jour

Ken et Marie ne se souviennent pas du même premier jour. Celui de Marie étant antérieur à celui de Ken, le choix a été fait d'agréger tout son témoignage du côté « dernier jour ».

Dernier jour

Je viens de passer mon bac pour la deuxième fois. Je suis à peu près sûr de l'avoir cette fois-ci. Je vais enfin être étudiant, pouvoir quitter la maison et aller vivre à l'étranger. Cela fait deux ans que j'arrive à rire et à m'amuser. Mon père est mort quand j'avais 13 ans, une chape de tristesse s'est abattue sur ma famille. Doublée d'un environnement exclusivement féminin : depuis son décès, je suis le seul homme qui reste, avec trois sœurs et ma mère.

Après deux ans et mes redoublements, j'arrive à me libérer. Je sais que je plais. Petit, je le savais déjà, on me le disait souvent. À l'adolescence, j'avais bien eu un gros nez, mais les choses s'étaient rééquilibrées. Je le sens dans le regard des filles, je peux sortir avec celles que je veux, et en plus elles viennent me chercher naturellement. C'est assez facile pour moi, en plus c'est l'été.

Je crois savoir ce qu'est l'amour, il m'a déjà fait mal une fois. J'étais très amoureux d'une fille deux ans auparavant. Je lui écrivais beaucoup, mais elle ne voulait pas de moi. Moins elle voulait de moi, plus je surenchérissais. Cela m'a appris une certaine distance avec les filles.

Cet été, c'est l'aube d'autre chose, cela va être un passage. Je me réjouis d'être moniteur dans le parc d'attractions de mes cousins, c'est un endroit que j'aime, et c'est une façon de travailler peu fatigante. Je suis fier de venir les aider à développer ce projet. Mon oncle vient me chercher à la gare et pose deux règles à mon séjour estival : *« Ken, pas de fumette, et pas d'amourette, tu es là pour bosser. »* J'acquiesce, cela ne me semble pas très compliqué comme contrat, au pire je me cacherai.

Il y a les odeurs de l'été, du foin dans les champs, de l'humidité de la maison de mes cousins, du soleil qui grille le gravier. Les bruits aussi, les planches en bois qui grincent, la bouteille de rosé que l'on débouche, pop. Je ne me souviens plus très bien du premier jour. Je ne sais plus si je l'ai vue vite ou pas. On est assis dans l'herbe, en rond, il y a mes cousins, moi, ses copains, on est à la campagne. Je la remarque, toute blonde, je cherche son regard, à voir dans ses yeux si je lui plais. Je crois que oui.

Elle a une fausse timidité. Du mal à soutenir mon regard. Ses sourires ponctuent ses phrases. Elle a l'air à l'aise, et en même temps non, je sens une dissonance. Elle parle, elle connaît bien mes cousins, leur fait des blagues, mais pas à moi, je ne comprends pas trop pourquoi.

Il y a des pétards, des bouteilles de Kronenbourg, un barbecue, puis une nuit à la belle étoile, dans des herbes hautes, du foin. Il y a le bruit du gravier le lendemain matin, quand je rentre à moto prendre mon poste chez mes cousins.

La dernière nuit de la semaine, on la passe ensemble, le lit est au fond de la chambre. Cela me saute aux yeux ce soir-là, il faut que je fasse attention, elle est plus jeune que moi, elle n'est pas prête. On s'endort calmement, je trouve ça simple, naturel, agréable. T'es jeune, tu plais, la vie est belle.

Le lendemain, je m'en vais, et elle aussi. On doit peut-être se retrouver à un autre moment de l'été, mais, entre-temps, mon oncle me surprend en train de fumer. J'ai transgressé les deux règles préétablies, mais je ne suis renvoyé que pour une seule : le cannabis. Il n'était pas au courant pour le reste. Je trouve ça injuste, je fume certes, mais eux boivent tout autant.

Je perds un moyen de la retrouver, mais je suis rassuré : on habite la même ville. On s'y revoit une fois. J'ai souvenir d'un parc, où l'on discute simplement. De ses lèvres encore, si agréables à embrasser. J'ai terriblement envie de coucher avec une fille, je respecte le fait qu'elle veuille prendre son temps – j'ai une mère et trois sœurs qui m'ont bien appris à prendre soin des femmes. Mais je trouve ça impossible d'avoir envie d'elle et de ne pas pouvoir aller jusqu'au bout. J'ai peur de lui faire de la peine, je suis triste de ne pas pouvoir continuer, mais rien d'insurmontable, c'est une tristesse acceptable. Je ne trouve pas ça grave. Je ne sais plus comment on s'est dit au revoir.

« Il s'appelle Dylan, c'est horrible, ce prénom. Anna et Dylan, ça sonne pas. »

Anna, 34 ans

Premier jour

Allongé sur son transat, il est gros. Près de cent kilos. Pas au sens obèse, plus enveloppé, enveloppant. Nous sommes dans le jardin d'une jolie maison de campagne en banlieue parisienne. Week-end champêtre entre amis, j'ai atterri ici, après un mois et demi à Berlin, où j'étais bêtement, follement tombée amoureuse d'un Allemand. Qui m'avait jetée. Moi et mon petit cœur meurtri, on avait eu envie de s'éloigner de Paris. Alors nous voici, à se moquer de ma vie, en compagnie d'un gros.

Un gros pas très beau, pas mon genre, mais tellement gentil. Je lui raconte tous mes plantages, mon chômage, mon largage. Avec lui, j'aurais pas mal, je pense en riant, dommage qu'il ne m'attire pas. Il a son jean et sa chemise blanche, j'apprendrais par la suite que c'est son uniforme de banquier. Il a des bourrelets quand il s'assoit, reste en pantalon alors qu'il fait très chaud. Un physique de meilleur ami. Mais il s'accroche, il est intelligent, me parle tout l'après-midi du peintre américain Jackson Pollock, celui qui fait ses tableaux debout et met de la peinture partout, il marque des points.

Le soir, je monte me coucher tôt, encore tout abîmée par mon Allemand. Il me le reprochera plus tard, lui, il m'a attendue toute la nuit en bas. Le lendemain, il est parti, je n'ai pas repensé à lui. Et puis il s'appelle Dylan, c'est horrible, ce prénom, c'est beauf. Anna et Dylan, ça ne sonne pas ensemble dans ma tête. Plus tard, il nous invite chez lui à Genève avec une amie. Il a un grand appartement de fonction, au sens vraiment fonctionnel du terme. Tout est vide, froid, morne, pas habité. Dans la salle de bain, il n'y a rien, que du carrelage blanc, une brosse à dents et du savon. *« Tu n'as aucun produit ?* lui ai-je demandé. – *Je me lave qu'avec du savon »*, m'a répondu Dylan. Je ressens du dégoût, il n'est pas apprêté, juste des costumes, aucun parfum.

On est invités dans une soirée de diplomates de l'ONU, une grande salle de danse, les filles ont des robes meringues, des coiffures comme des pièces montées et les hommes des smokings et des cheveux trop brillants. On se croirait dans le bal de promo d'un lycée américain du fin fond du Midwest. Sur la piste de danse, Dylan est saoul, titube, s'approche de tout son poids et essaye de m'embrasser. Je le repousse, je suis plutôt attirée par son pote, lui, il sent quelque chose et il n'est pas gros.

Dans l'avion de retour, je me dis toujours la même chose : on s'entend bien, il est gentil, mais je n'ai pas envie de lui. Quelques jours plus tard, message Facebook. « *Je t'invite à dîner* » : je me souviens exactement où j'étais quand j'ai lu cette phrase. Au cul d'une vache et les pieds dans le foin du Salon de l'agriculture. Pour la première fois, un mec veut faire les choses bien avec moi, « m'inviter à dîner ». Je décide de valoriser la démarche. On va dîner dans un restau du 15e, même s'il ne me plaît pas, je me suis quand même investie physiquement : robe noire, collants noirs, épilation, alors qu'il fait très froid. L'alcool fait progresser mon attirance, mais bon, même au bout de deux bouteilles de vin, j'en suis encore loin.

On sort du restau et atterrit dans l'une des énièmes brasseries rouges de Paris, cuir rouge, lumière rouge, mojitos avec des bâtonnets de lumière qui s'allument en tapant dessus et grosses feuilles de menthe. Blottis l'un contre l'autre sur une banquette elle aussi rouge, il m'embrasse. Dans ma tête, je ne me dis pas « waouh », je me dis un petit « pourquoi pas ». Taxi, dernier verre, chez moi, mon lit, je repousse ses avances dans la nuit. Je dors mal. Le lendemain matin, je ne fais rien pour qu'il reste.

Dernier jour

Je le retrouve dans notre bar à vin. Il presse ses lèvres contre les miennes, ne me fait pas la bise, il y a encore quelque chose à sauver. La manière de se dire « bonjour » ou « au revoir » quand on est dans une histoire, c'est comme le dernier mot d'un texto – « à plus », ou « bises », ou « je t'embrasse » –, ça la définit. Là, en franchissant la porte, en s'asseyant à cette table, on y est encore.

Pour la dernière fois, je lui demande s'il est prêt à déménager à Paris. Je lui dis que je l'aime, que je me suis attachée à lui, que, s'il vient, ça sera le père de mes enfants, il sera sûrement cocu, mais ça sera lui. Avant d'entrer dans le bar, j'avais passé un contrat avec moi-même : s'il ne me dit pas oui, c'est fini. Il me répond qu'il ne peut rien me promettre, je lui dis que je ne peux plus attendre. Il est triste, mais ne se bat pas. Résigné.

Taxi, chez moi, la dernière nuit. Dernière étreinte, puis une longue douche ensemble, très tendre, où on s'est lavés comme pour se remercier, se dire au revoir. Le lendemain, il pleure. Il pleure comme un enfant en serrant dans ses bras le chat. Je le regarde, il a maigri, perdu presque quarante kilos. Il est beau, je l'ai embelli, il a des vêtements de couleur, assortis, il a abandonné son épouvantable uniforme jean et chemise blanche. Il ressemble enfin à mon type de mec, mais il s'en va. Maintenant, dans sa salle de bain, il y a du parfum, du gel douche, de la crème hydratante, il sent bon.

Dernier déjeuner, on discute encore un peu, et une immense tristesse m'envahit. Mes yeux débordent, coulent, dégueulent de larmes. Je n'arrive plus à m'arrêter, c'est à mon tour de pleurer, comme si mon visage passait à la machine à laver, à l'essoreuse. Je pleure tellement que Dylan me dit qu'on ne peut pas rester là, au milieu du restaurant, avec ma détresse. Il me raccompagne chez moi, la porte se ferme, et je m'effondre, je me sens comme un chien abandonné sur le bord de la route, l'été. Je ne comprends pas mon état, j'aurais été malheureuse avec lui. J'aurais dû m'arrêter après la première soirée, ne pas perdre mon temps, ne pas me faire planter au pire âge, à la charnière des 30 ans, celle où on se marie et où on fait des enfants. Il a été l'histoire la plus importante de ma vie.

« Elle, la reine de beauté, ne voulait pas finir fermière, assistante de vaches, avec un mari obsédé par le cours du lait et des beaux-parents omniprésents. »

Thierry, 46 ans

Premier jour

Je n'ai pas vraiment eu le choix de devenir agriculteur. Ma mère s'amuse souvent à m'afficher devant les gens qui viennent nous voir sur l'exploitation, en racontant à chaque fois que je suis presque né *« au cul d'une vache »*, parce qu'enceinte de moi elle a été prise de contractions alors qu'elle nourrissait le troupeau. Ensuite, j'ai vivoté au collège, puis lycée agricole. Après j'ai rejoint mes parents, d'abord pour les aider, puis pour les remplacer.

C'était comme ça, les champs, la boue, les vaches, le tracteur, le bled d'à côté, je n'ai jamais connu grand-chose d'autre. Le week-end, avec mes copains, on enfourche nos mobylettes et on fait des bêtises. On boit de l'alcool trop fort sous des abribus, on embête les filles du coin, on tue le temps comme on peut. Quand on a un peu plus d'argent, on va faire les beaux à la boîte de nuit de la région.

On prend la voiture, on s'entasse à six dedans, on est presque tous saouls, le conducteur à peine moins – les campagnes de prévention de l'alcool ne sont pas encore passées par là. On a mis nos chemises à rayures, nos polos col remonté, on a brossé nos chaussures pour enlever la terre des champs. On aime bien l'eau de Cologne aussi, ça sent fort dans l'habitacle, mais c'est toujours mieux que l'odeur des bières pas chères qu'on a achetées.

La boîte, on la voit de loin, c'est un vaisseau dans la nuit qui éclaire la jeunesse de la campagne qui s'ennuie. Les videurs sont presque des copains, ils nous voient débarquer tous les samedis soir dès qu'on a un peu de temps et d'argent. Ils savent qu'on est un peu bagarreurs, mais qu'on est marrants. À l'intérieur, la musique est forte, l'alcool aussi, puis, avec la fumée des cigarettes, on ne voit pas toujours grand-chose. On est là pour faire des blagues, mais il y a aussi les filles.

Les filles, ce n'est pas facile de les rencontrer, il y a un stock limité, et puis elles rêvent toutes de partir à la ville, pas d'épouser un mec aussi terreux et qui travaille autant que leurs parents ou leurs frères dans les champs. En boîte de nuit, elles donnent tout pour trouver le prince charmant qui les emmènera habiter dans un appartement et les sortira de là. Donc, moi et mes copains, on part un peu avec un handicap. Surtout pour conquérir Isabelle.

Isabelle, c'est la reine de beauté du canton, elle a presque gagné un concours une fois, je me souviens avoir vu sa photo dans le journal local, dans une belle robe de princesse, la poitrine entourée d'une banderole blanche, une couronne en plastique brillant sur la tête. J'étais fier pour elle, depuis le temps que je la trouve belle.

Isabelle est la fille du boulanger du village, je la côtoie depuis tout petit. À 10 ans, je faisais exprès d'acheter mes bonbons à l'unité pour la voir le plus possible. Sa mère avait repéré mon petit manège. Maintenant, je la croise souvent à la boîte de nuit, tous les garçons sont autour d'elle – on dirait un essaim d'abeilles l'été, tellement vibrionnant qu'il faudrait appeler les pompiers pour l'évacuer.

Elle met des belles robes, qui montrent sa plastique, parfois un peu trop de maquillage, mais à chaque fois je prends une bière, m'assoit sur un tabouret du bar, et je la regarde se faire courtiser.

Moi, je n'ai encore jamais essayé de remporter le trophée.

Ce soir-là, alors que je prends comme souvent mon poste d'observation, mon abnégation va payer. Un de ses courtisans insiste un peu trop, ivre, sa main se promène sur sa robe sans autre forme de préliminaires. Je la vois me regarder, choquée, étonnée. Pour une fois, j'arrête de la scruter comme une jolie statue, je descends de mon tabouret et j'interviens. « *Laisse-la tranquille, tu veux ?* » je dis à l'homme aviné, qui me répond : « *Mais qu'est-ce que tu as, toi ? De quoi tu te mêles ? – Bah tu vois bien que tu la déranges, qu'elle veut pas. – Oui, enfin, toi, tu fais que la mater depuis des mois, j'essaye au moins, tiens, tu veux la toucher ? Tu ne l'as jamais touchée...* » m'enjoint-il en attrapant ma main et en la plaquant sur le torse d'Isabelle.

Je la protège, l'enlève et l'emmène à l'écart, dehors, prendre l'air. « *Merci, c'est gentil, c'est compliqué, tous ces garçons* », me dit-elle. On fume une cigarette ensemble, elle est belle sous le néon de la boîte. Elle me sourit : « *Demain, tu passeras à la boulangerie si tu veux, je t'offrirai une pâtisserie pour te remercier.* » La soirée se poursuit, je la laisse rejoindre ses copines et pense à mon gâteau du lendemain.

J'y vais pour le goûter, je quitte la ferme, prends la route pour le village, arrive devant la vitrine. Elle n'a pas l'air d'être là. Ah si, elle est là, elle me sourit, un peu. Je la sens moins enthousiaste que la veille, les traits tirés par la nuit agitée. Elle m'offre une religieuse au chocolat, s'échappe pour la manger avec moi dans un coin de la remise. Je finis par l'embrasser, la bouche pleine de crème. C'est moi qui ai eu Isabelle.

Dernier jour

Elle fait tout le temps des gâteaux. C'est sa manière de protester. Je sais que, quand je rentre de la traite et que la cuisine sent le chocolat fondu, c'est pas une bonne nouvelle. Parfois, ça sent le caramel ou la confiture cuite. Je devrais être content, me dire qu'il y a des bons desserts, mais quand elle se lance dans la pâtisserie, après elle fait la gueule, ça la rend triste, nostalgique.

Ça lui rappelle son travail d'avant, quand elle n'était pas sur l'exploitation à m'aider. Quand toute notre vie ne tournait pas autour des vaches, du lait, des dettes, de mes parents qui habitent le bâtiment d'à côté et viennent tout le temps commenter notre vie. Le tracteur mal rangé, le chien échappé, la voiture pas bien garée, la grange mal repeinte. Ils ont laissé toutes leurs plus belles années dans cette ferme, alors ils ont du mal à lâcher, la retraite, les vacances, nous laisser respirer, ils ne savent pas faire.

Isabelle étouffe un peu. Le soir, je m'endors devant la télé, et je sens bien qu'elle n'est pas contente. Qu'elle, la reine de beauté, ne voulait pas finir fermière, assistante de vaches, avec un mari obsédé par le cours du lait et des beaux-parents omniprésents. Il y a bien nos enfants, pour manger ses gâteaux, mais je la sens dépérir. J'essaye un peu, quand j'ai un peu de temps, de l'emmener à la ville, faire du shopping, lui racheter les robes qu'elle mettait à la boîte de nuit et qui lui allaient si bien. Mais ça ne marche pas trop.

On en parle de temps en temps, d'elle qui voudrait une autre vie, mais je ne m'alarme pas, je me dis que ça va passer, que c'est parce que l'hiver est froid, que l'été, au grand air, ça ira mieux. Jusqu'à ce jour où je rentre épuisé de la traite, une traite difficile, des vaches pas sympas qui jouaient pas le jeu. Ça sent pas le gâteau, la maison est calme alors que nos enfants font toujours du bruit. Je m'étonne un peu, je l'appelle : « *Isabelle ?* », j'entends rien.

Sur la table de la cuisine, il y a un mot : « *Je suis partie chez mes parents, j'ai besoin de prendre l'air, Thierry, je te l'ai dit déjà plusieurs fois. Les enfants sont avec moi, ne t'inquiète pas.* » Je pars à la boulangerie, je tombe sur sa mère : « *Oui, elle est là, mais laisse-la réfléchir.* » Je ne sais pas quoi faire, Isabelle ne peut pas partir, tout ce qu'on a construit ensemble, elle ne peut pas balayer ça juste parce que la ferme c'est dur. Oui, c'est pas simple, la ferme, mais je ne peux pas laisser mes parents.

Dix jours après, passés à faire des ronds sur mon tracteur pour tuer le temps, je la revois. Elle s'est coupé et teint les cheveux en blond, ça lui va bien, je lui dis. Elle me répond : « *C'est fini, Thierry, je vais reprendre la boulangerie de mes parents, tu verras les enfants le week-end, j'en peux plus de la ferme.* » J'essaye de protester, de négocier, rien à faire. En fait, elle est partie depuis longtemps déjà.

« Il n'a jamais pu me pardonner le mal qu'il m'a fait. »

Laure, 42 ans

Premier jour

Je suis en couple depuis trois ans, comme on est ensemble quand on est étudiant. Il entre dans la soirée où je suis, pas spécialement beau, mais avec une force qui se dégage. Il est blond, à lunettes, avec une grande parka bleue, pas bien habillé non plus, mais avec une forme d'élégance. Ma copine est la plus belle de l'école, je l'enjoins à essayer de le séduire, moi j'ai juste envie de lui parler.

Et on devient amis. On se voit de temps en temps, on va au cinéma, voir le *Truman Show* – ce film avec Jim Carrey enfermé dans une émission de téléréalité. Au sortir du cinéma, dans le soir du week-end, il est en colère, furieux contre ce qu'il vient de voir. Il s'énerve, dans une surréaction et une outrance qui m'effraient. Je réagis, l'engueule à mon tour : *« C'est juste un film, tu n'as pas besoin de réagir comme ça.* » Il redescend, redevient tout tendre, et j'aime bien cette idée que c'est un homme capable d'une certaine force, mais que je peux la dompter, l'apprivoiser.

Il ne m'attire pas physiquement, mais j'ai la conviction que si j'essayais de faire basculer notre amitié, il accepterait. Que l'on a quelque chose à vivre ensemble. Je l'appelle pour lui proposer une expo photo, parce qu'instinctivement j'ai décidé que c'est le moment. Entre les images exposées, je pense à sa force qui pourrait me protéger, à sa fragilité que j'ai envie d'aider. J'ai une admiration pour son intransigeance et son intégrité. Au restau qui suit l'expo photo, je lui prends la main entre nos assiettes.

Il a l'air troublé, surpris, mais heureux. À la sortie, dans la rue je lui prends le bras, lui propose d'aller chez lui. C'est un petit appartement, à la décoration très féminine, lui dis-je pour le faire réagir. Je l'embrasse, il transpire, se déshabille. Il a l'air si vulnérable et profondément fêlé devant moi. J'ai l'impression d'un enfant qui me déifie, d'être la plus belle chose qu'il n'ait jamais vue de sa vie.

Il aime la photo et me mitraille avec son vieux boîtier argentique. Son regard est si aimant, si enveloppant que je pense que cet homme m'aimera toute sa vie, qu'il ne pourra jamais me trahir. J'ai l'impression d'être indestructible, et que si je fais ma vie avec lui, je deviendrai une meilleure personne, indexée sur sa vérité. En échange, je dompterai sa férocité, je le réparerai.

Après cette nuit, je passe les fêtes chez ma mère, dans le Nord de la France. Je domine le jeu, et je finis par décider de faire tapis. Je traverse la petite ville pour me rendre à la cabine téléphonique. Dans le froid de la cage de verre, je compose son numéro sur les touches métalliques, il décroche. Le grand combiné en plastique bleu contre l'oreille, j'entends ma bouche lui dire que je l'aime. Lui, à l'autre bout de la France, dans le Sud, chez ses parents, me répond qu'il m'aime aussi. Je suis grisée par mon sentiment de maîtriser la situation. On s'écrit des lettres d'amour magnifiques, il me prend en photo dans des lumières superbes.

Je ne suis pas passionnée par lui, mais je suis submergée par son amour. Je choisis de m'engager avec lui, je suis fière de mon choix, de ce choix de l'intégrité et de la meilleure partie de moi-même.

Dernier jour

Ma sœur vient de se marier. C'est une jolie fête, on est tous très contents. À mon nouveau beau-frère, Tristan souhaite le même bonheur que le sien, la même chance que celle qu'il ressent avec moi, d'avoir épousé *« une femme extraordinaire avec laquelle il vit une magnifique histoire d'amour »*. Quelques jours plus tard, je déjeune avec une amie et lui explique que je n'ai jamais été aussi heureuse de ma vie, que Tristan a trouvé un boulot fixe grâce à moi, que je peux me reposer et profiter de ce que j'ai construit au fil des années.

Tristan reprend la photo, on se lance dans un parcours de procréation médicalement assistée pour avoir notre deuxième enfant, je suis sereine et apaisée. Il fait beau, on part en week-end en Italie, je le trouve un peu distant, mais peut-être est-il fatigué. Au retour, je vais faire mon sport hebdomadaire à la salle, courir, m'étirer, me dépenser. En rentrant, le sac encore sous le bras et le jogging transpirant, je tombe sur Tristan, qui s'est fâché avec notre fils.

La scène est violente : « *Mais qu'est-ce qui ne va pas ? – Je ne me sens pas bien dans ma vie, je me sens enfermé. J'ai recommencé la photo, j'ai rencontré des gens libres, cette vie ne me suffit pas* », s'énerve-t-il, comme une bombe nucléaire qui explose sur une broutille du quotidien. Il claque la porte et me laisse interdite au milieu du salon, moi qui avais toujours envisagé que si quelqu'un partait ça serait moi.

Il décide de partir en week-end en Normandie pour réfléchir. Quarante-huit heures tout seul dans un hôtel pour se remettre les idées en place. Cette crise est solide, mais je ne pense pas qu'elle va déboucher sur une rupture. À son retour de week-end, on se retrouve dans un café banal, de ceux où l'on fabrique les mauvais souvenirs, comme si la décoration mal assortie transpirait sur ses clients et les incitait à se dire des choses pas très jolies. « *Je m'en vais* », m'annonce-t-il simplement, dans une brutalité sèche, incroyable – au sens propre pour moi. « *C'est dégueulasse, j'ai 40 ans, j'ai envie d'un enfant. – C'est ton projet, pas le mien. Je ne t'aime plus, j'ai trop subi, tu ne m'as pas vu vieillir* », me rétorque-t-il. Il me raconte qu'il y a quelques mois il était tellement mal et triste qu'il a eu envie de mourir, et que je ne m'en suis même pas aperçue. « *Je t'en veux.* » Je sens qu'il veut sauver sa peau, que ça sera lui ou moi. Il engloutit sa tasse de café, jette deux euros sur la table et s'en va. Quinze minutes pour tout ruiner – un enfant, un mariage, toute une vie conjugale.

Je le suis, le poursuis dans la rue, l'insulte : « *Tu n'es qu'une merde, tu as un enfant, comment tu peux y penser depuis des mois sans m'en parler ?* » Il se retourne à peine *:* « *Si, je te l'ai dit que la vie qu'on avait ne m'allait pas, mais tu n'écoutes que toi.* » Sa décision est radicale, il n'hésite pas, va jusqu'au bout avec la férocité dont je le sais capable. J'ai l'impression d'avoir vécu avec un pitbull qui finit par se retourner contre moi, me sauter à la gueule. On rentre ensemble dans notre appartement pour qu'il aille y récupérer ses affaires. Je revois sa brutalité de la sortie du ciné d'il y a quelques années, brutalité qui cette fois-ci m'a échappée.

Plus tard, il débarque à l'appartement. Il embarque les objets de valeur, ceux qu'il estime lui appartenir. Il est fragile émotionnellement, je lui ai servi d'hôte, de repère, mon cadre qui l'a rassuré pendant tant d'années a fini par l'oppresser. C'était inéluctable et je ne l'ai pas vu. Il a attaqué le piédestal où il m'avait installée à coups de burin. Juste après être parti, il se fait tatouer INDÉPENDANCE, sur quinze centimètres de longueur, dans le dos. Il n'a jamais pu me pardonner le mal qu'il m'a fait.

« J'ai eu un vrai premier jour, un beau coup de foudre, mais je n'ai jamais réussi à trouver le sien. »

Maxime, 25 ans

Premier jour

C'est peut-être un 1er Mai, il fait beau et frais, jour de manifestation. Le syndicalisme, je suis né dedans, je battais déjà le pavé en poussette à 6 mois avec mes parents. J'ai mon drapeau sur les épaules, mon appareil photo en bandoulière. Je suis assez timide, un peu geek, j'ai du mal à tisser des liens avec les gens, mais la photo m'aide beaucoup. Je fais un petit reportage pour le syndicat, capture des images des participants. Le cortège arrive sur un pont qui surplombe les canaux de Strasbourg. Je monte sur une pile du pont pour photographier un groupe. Je la vois, enfin, je le vois, son regard, un regard brun et vert, un regard insondable, incapable de deviner s'il est joyeux ou triste. Les regards sont des reflets de l'âme, mais là c'est le brouillard. Autour de ses yeux, tout se floute, toute la scène autour disparaît, je ne vois plus que ça.

C'est l'archétype du coup de foudre, ce moment où tout se fige. Je suis intrigué, touché, entre l'incompréhension et la curiosité. Mais elle ne me regarde pas, traverse la rue et me laisse là, planté dans mon manque de courage sur ma pile de pont. Le soir, derrière mon écran, la reconnaissance faciale de Facebook compense ma lâcheté de la réalité. Le logiciel, une fois la photo de son regard scannée, une photo si banale en fait, me propose un profil. Je veux la taguer, alors je lui envoie une demande, simple : *« Depuis quand manifestes-tu avec nous ? »*

Pas d'ambiguïté, sobre, efficace. « *Je cherche pas de plan cul, pas la peine d'essayer* », me répond-elle aussi sec. Je ne m'attendais même pas à une réponse, alors celle-là… Je ne comprends pas sa violence, je suis un mec gentil, un petit soldat qui tombe au front de tous ces hommes qui l'ont abîmée et rendue si méfiante. Je refuse de payer pour les autres, je veux lui montrer qu'on n'est pas tous comme ça. Elle est froide, distante, son comportement est imprévisible.

Je passe des semaines à discuter avec elle, lui propose qu'on se voie, elle annule à la dernière minute, me teste tout le temps. Je rame avec mon petit amour, finis par la revoir pour la prendre en photo dans les rues de Strasbourg. J'arrive à peine à lui arracher un sourire, alors que je n'arrête pas de lui dire que je ne suis pas un danger, qu'elle est belle. On s'embrasse de temps en temps, je lui propose de se mettre en couple, elle ne me répond pas. Le soir, elle soumet l'idée sur Facebook, en faisant un sondage auprès de ses amis. La réponse tombe : oui, on peut se mettre ensemble. *« C'est pratique, le statut couple, comme ça je suis moins sollicitée »*, m'avoue-t-elle plus tard.

Dernier jour

J'étouffe. Je me suis fait une nouvelle amie, une qu'elle ne contrôle pas. On s'écrit beaucoup, c'est ma confidente, je peux lui raconter mes déboires de couple. Sauf que ma copine ouvre mon ordinateur quand je ne suis pas là, se connecte sur mon compte, lit les messages que j'échange avec mon amie, et fond de jalousie. Elle explose par messages, mais cette fois-ci je décide de lâcher, de ne pas me gâcher la journée, et j'éteins mon portable.

Le soir, je rentre dans notre appartement. Elle est là, sur le canapé, en train de hurler. Elle ne se bat pas pour que je reste, mais me reproche des choses inventées. Sur la table, des assiettes, des couverts, des boîtes en plastique traînent. Au fil de la discussion, elle les lance dans ma direction. Je suis devenu champion en rattrapage d'objets volants depuis le temps. C'est la banalité de ses crises, le quotidien de son hystérie et de mon incapacité à calmer les choses. Elle finit par s'épuiser, va se coucher dans la chambre, pendant que je rends les armes, épuisé sur le canapé.

Le lendemain matin, il faut faire ses affaires. Nous vidons les placards, remplissons des sacs de vêtements, je suis un observateur passif de la scène, comme au théâtre. Je n'étais pas amoureux d'elle, mais de la personne qu'elle pouvait devenir. Elle est bourrée de talents, mais invivable. Je me disais tout le temps qu'elle allait changer, cramponné que j'étais à une potentialité. Je cherchais à neutraliser la personne violente pour faire ressortir l'autre, bien enfouie.

Ma petite 206 démarre en direction de l'appartement de sa famille, je transvase les sacs devant le regard silencieux de son père. Sur le pas de la porte, elle croit que je reviendrai encore : « *C'est pratique, je vais pouvoir faire le tri dans mes affaires, comme ça il y a aura plus de place chez nous quand j'y retournerai* », m'explique-t-elle. Sur l'instant, je m'étonne à peine de sa remarque, pense qu'elle fait un « déni de rupture ». De mon côté je ne ressens que soulagement et commence un travail de reconstruction.

Aussitôt interrompu par des dizaines de messages agressifs qui imposent une réponse. Des accusations comme autant d'hameçons auxquels je me fais ferrer plusieurs fois. Avec toutes ses petites injustices, elle me remet le grappin dessus.

Contacte mes proches, mes amis, ne me lâche pas. J'essaye pourtant de mettre de la distance. De contractualiser nos échanges, on établit des règles qu'elle signe même : pas plus de trois messages par jour, pas de messages pendant trois jours de suite, et elle n'a pas le droit de parler de ma nouvelle compagne. Ces limites, au nom de sa souffrance de me perdre, elle va sans arrêt les transgresser. Contacter ma petite amie pour devenir sa meilleure amie, s'immiscer partout.

J'ai beau la bloquer, elle revient toujours, par la porte, la fenêtre, les canalisations. Elle utilise des numéros d'amis que l'on a en commun pour me contacter, retrouve dans le tréfonds de Facebook des contacts que l'on partage, tisse sa toile autour de moi. J'essaye de déposer une main courante au poste de gendarmerie de mon village. Imaginez la tête des gendarmes devant un mec harcelé par son ex : faits pas assez caractérisés. Le dernier jour est peut-être celui-là, celui où, accompagné de ma nouvelle compagne, les policiers prendront enfin ma déposition. En même temps, je ne veux pas vraiment porter plainte, pas donner d'importance à quelqu'un qui va trop loin. J'ai eu un vrai premier jour, un beau coup de foudre, mais je n'ai jamais réussi à trouver le sien. Je suis incapable de savoir si elle m'a aimé, même si elle se bat encore pour garder le lien. Je ne suis pas quelqu'un d'influençable, mais c'est violent, la folie.

« "Vous ne voulez quand même pas qu'on aille à l'hôtel ?" m'interroge-t-elle. »

Christian, 70 ans

Premier jour

Je ne suis pas malheureux avec ma femme, mais pas heureux non plus. À la maison, c'est tendu, au boulot aussi, moralement je ne me sens pas très bien. Je suis cadre dans une entreprise d'agroalimentaire dont il faut changer tout le système informatique. On trouve un prestataire basé à une centaine de kilomètres, je m'y rends deux-trois fois, mais à ce moment-là je ne la remarque pas. Elle fait partie du paysage, mais je ne la vois pas. À la base, je ne suis pas un homme volage.

Quelques semaines plus tard, je reçois un appel d'une femme de cette société : il y aurait un problème de facturation de ce système informatique. Elle est tout embrouillée, j'essaye de la dépatouiller. J'aime bien le ton de sa voix, j'ai envie de lui parler. Je ne suis pas un dragueur, je l'appelle madame, je la vouvoie et reste très professionnel au téléphone. Au bout du quatrième coup de fil, le prétexte de ces factures est un peu épuisé. Je ne l'appelle plus de mon bureau, où mes collègues pourraient m'entendre, mais isolé, dans la salle de réunion. Elle me raconte sa vie, ses loisirs, me dit que, quand je passerai vers chez elle, elle m'invitera à faire de la plongée sous-marine. Juste avant de raccrocher, elle me donne son prénom. Un prénom qui me touche, je suis ému, bouleversé, je dois faire quelque chose.

Il est 18 heures, je quitte mon bureau, je ne prends pas la route habituelle pour rentrer chez moi. Je passe par le fleuriste. J'y achète sept roses, sept parce qu'il faut toujours un nombre impair, je crois, et rouge pour justifier le petit mot ambigu que je mets avec : *« Merci et je vous remercie pour autre chose aussi »*, et mes initiales en signature. C'est un mercredi soir, le bouquet part, jeudi passe et je n'ai pas de nouvelles. Vendredi, tennis de midi, je joue avec mon ami comme d'habitude, mais rarement aussi mal, je rate toutes les balles. De retour au bureau, j'ai un message de la société qui s'occupe du système informatique.

Je la rappelle tout de suite. Elle décroche. *« C'est vous, C. D. ? – Oui, il faut qu'on se voie »*, je bredouille. Je ne connais que sa voix, je veux la voir. « *Vous êtes fou*, me répond-elle. – *Oui, je suis fou. – Vous ne voulez quand même pas qu'on aille à l'hôtel ?* m'interroge-t-elle. – *Je ne suis pas ce genre de personne là »*, je lui précise pour la rassurer. Le bouquet avait failli ne jamais arriver, ayant été préalablement livré à une homonyme.

Le rendez-vous est pris pour le mercredi d'après à la gare. Une grande gare, j'ai mon imperméable, elle une sacoche avec le nom de la société d'informatique dessus. Je ne l'avais jamais remarquée, mais j'étais déjà amoureux. Ses yeux bleus, ses jambes, son sourire. On monte dans sa voiture. *« Vous êtes très nerveux, monsieur »*, rit-elle. Je la trouve gonflée, mais je lui dis ce que j'éprouve. On va au restaurant, je lui offre du champagne, elle boit dans mon verre. Retour à sa voiture sur le parvis de la gare, elle s'exclame : *« Embrassez-moi. »* Pas un *« embrassez-moi »* physique, non, celui d'une femme mariée, pas heureuse, qui voudrait être amoureuse, celui qui déclenche tout. Nos fils ont le même âge, et le même prénom.

Je rentre chez moi tout agité. À 2 heures du matin, je me relève et je lui écris une lettre, où je lui explique que je suis complètement chamboulé, qu'il faut s'arrêter vite, tout de suite, parce que sinon cela va s'emballer. Je culpabilise aussi à cause de ma femme. Je lui envoie mon courrier en poste restante. Nous convenons d'un autre rendez-vous. Depuis ce jour, il n'y a pas un jour de ma vie où je n'ai pas pensé à elle.

Dernier jour

On se voit régulièrement, puis moins, mais nos sentiments ne s'essoufflent pas, ils s'endorment un peu. Mon travail m'emmène dans sa ville, je la vois, on se revoit, j'y crois, je pense que cette fois-ci c'est peut-être la bonne, qu'on va quitter nos conjoints respectifs et pouvoir vivre ensemble.

La même gare, celle du départ, de notre rencontre. Le grand hall bruyant et son café impersonnel. Elle arrive, cette fois-ci elle a raté sa teinture de cheveux. Elle, si belle et distinguée, a opté pour un noir trop noir qui lui durcit le visage. Elle s'assoit, allume une cigarette, interpelle le serveur : *« Vous auriez un cendrier, mon ange ? »* Premier accroc : c'est moi son ange, pas le premier serveur qui passe, c'est moi le dépositaire de ce surnom, ces mots m'appartiennent. En fond, la sono du restau crache *Unchained Melody*, *« I need your love »*, elle me parle du film *Ghost*, à quel point elle avait pleuré au moment de cette chanson. L'idée me vient que ça sera le morceau de notre rupture. Puis elle enchaîne, me raconte sa vie avec son mari, sa procédure de divorce qu'elle vient d'annuler, alors que moi je voulais comprendre pourquoi elle ne sautait pas le pas, pourquoi on n'était pas enfin ensemble. *« Je suis pas ton ami, ni ton confident »*, je m'énerve un peu.

C'est fini. Sur le parking de la gare, on remonte chacun dans nos voitures, elle ne veut pas que je l'embrasse devant tout le monde. Je rentre chez moi dévasté. Le soir, elle m'envoie un mail : *« Tu es un homme bien. »* C'est tout. Son message m'énerve. Je n'ai pas besoin qu'on me le dise, je le sais. Elle n'a pas dû côtoyer beaucoup de gens bien dans sa vie pour être surprise que je sois gentil.

Douze ans après, je lui envoie un message pour son anniversaire, le 20 novembre. Elle me répond, on recommence à s'écrire doucement. Elle me propose de passer la voir quelques mois plus tard dans la ville où elle fait une cure thermale. Depuis, tous les ans, on passe dix jours ensemble là-bas. C'est la seule fois où l'on se voit de l'année. À ma femme, je raconte que je vais faire de la randonnée, avec un copain qui vient avec moi, marche un peu et s'occupe très bien de son côté le reste du temps.

Ces dix jours-là sont les dix plus beaux de l'année. Elle loue un studio où l'on vit, elle est excellente cuisinière. Tout colle. C'est la femme de ma vie, l'amour dont j'ai toujours rêvé. Il y a deux ans, j'y ai à nouveau cru. J'avais même trouvé une petite maison meublée pour qu'on aille y habiter tous les deux. Désabusée, elle m'avait répondu en une seule phrase : « *C'est trop tard.* » Mais on s'écrit quand même tous les jours et j'attends novembre avec impatience.

« Je suis allé trop loin, sinon tu aurais continué à faire ce que je voulais. »

Helena, 38 ans

Premier jour

Ce soir-là, je suis sur scène. Je donne un concert dans un cabaret en plein Festival d'Avignon. Je chante, heureuse et fière, en même temps embourbée dans une relation avec l'un de mes musiciens. Un de ces hommes dont il faut planifier la date d'expulsion, au risque de se laisser abîmer. J'ai prévu de le quitter le jour du dernier spectacle. *« Pas la peine d'attendre aussi longtemps »,* me conseille l'autre membre du groupe. Je cherche à l'oublier quand je vois rentrer un régiment de Légion étrangère.

Enfin, pas toute la troupe, seulement un Russe, un Monténégrin et un caporal brésilien. Pendant la pause, je les rejoins, je connais le Russe. Son homologue monténégrin est très grand, très attirant. Je souris, il me plaît, il sera parfait pour effacer mon collègue de scène. Il a ce côté *« je suis beau et je le sais »*. Je repars chanter et m'étonne de l'attroupement qui survient autour des toilettes. Pendant que j'observe la scène de loin, « mon » musicien vient me voir et me lance : *« Alors, tu annexes le Monténégro ? »* En face de nous, trop ivre, le caporal brésilien a vomi, et les trois soldats sont armés d'une serpillière pour réparer les dégâts. Ce bellâtre qui nettoie, cela m'amuse.

Je sens bien que cet incident va les faire partir du concert. C'est à nouveau la pause, ils sont encore là. Le Monténégrin me dépose un baiser sur la joue, me dit qu'il a 25 ans, je viens d'en avoir 34. Le lendemain, il écume les réseaux sociaux, me retrouve et me propose un verre dans la même salle de concert. Je m'y rends, il y a tellement de monde que j'ai du mal à le voir. À mon message inquiet de ne pas le trouver, il répond arrogant : *« Attends, je me lève »,* il fait 1 m 95 et se montre déjà satisfait de sa grande personne. Après, on marche dans Avignon, place du Palais-des-Papes il m'embrasse, mais il doit réintégrer son régiment, le lendemain c'est prise de poste à 6 h 30. Le week-end arrive, on continue à se voir, mais je ne veux pas être avec lui sur la durée.

Ensuite, sur mon canapé, il prend une voix solennelle : il a quelque chose à me dire. Je m'assois, fébrile, m'attend à ce qu'il m'explique qu'il a en réalité une femme et des enfants en Serbie.

« *Je n'ai pas 25 ans, mais 19* », m'annonce-t-il. J'éclate de rire, d'un rire nerveux qui confirme mon intuition : il ne faut pas que cette histoire dure. Mais, en face, il déploie beaucoup d'énergie pour que je tombe amoureuse. Aussi jeune soit-il, il lit en moi comme dans un livre ouvert, voit ce que j'essaye tant de cacher : derrière le bourreau de travail que je suis, il y a une hypersensibilité dont je ne sais que faire. Je me sens autorisée à être qui je suis vraiment avec lui. Je suis amoureuse, il vit chez moi, je l'entretiens. Je l'aime au point que tous les matins je me lève à 5 h 15. Je prends ma voiture et l'emmène à son régiment, où le réveil est à 5 h 30.

Dernier jour

Tous les week-ends, il invite des copains chez moi. Des hordes de militaires qui débarquent, à qui j'offre le gîte et le couvert, bonne poire. « *Si t'es pas contente, on va à l'hôtel* », me répond-il quand je proteste. Je n'ai pas envie qu'il aille à l'hôtel, je veux qu'il reste avec moi, il m'a rendue folle amoureuse. Ses paroles sont aussi jolies que ses actes sont laids.

Ce matin, il dort, comme toujours. De son sommeil lourd de légionnaire. Dans le lit, à côté, je reste silencieuse et réfléchis, je fais « la grande », la femme posée qui refuse d'être embarquée dans une violence de relation passionnée, assaisonnée d'âme slave. Je fouille machinalement dans son téléphone. Par habitude, je cherche, car je crains, sans avoir de preuve. Jusqu'à aujourd'hui, où éclairée par la petite lumière blanche de l'écran j'y trouve des photos de lui qui enlace et embrasse une fille, puis des textos qui s'extasient sur la nuit de la veille.

Trop grand, trop beau. Il passe sa vie à se regarder dans le miroir, à se caresser les muscles. Il s'aime trop lui-même pour pouvoir aimer quelqu'un d'autre. Parfois, il y a même des femmes qui viennent l'accoster dans la rue quand je suis avec lui. Je repose le téléphone et pense : « *Ça ne peut pas être ça, ma vie.* »

Je ne dis rien, mais je décide que c'est fini. Il se réveille et prend ma voiture – ma voiture, mon appartement, mon salaire, car il envoie tout chez lui, ma confiance, mes points de permis, ma dignité, il a tout pris, et cela fait presque un an que je me dis que je ne suis ni assez vieille ni assez riche pour supporter ça. Il se rend à un barbecue avec ses amis militaires. J'en profite pour rompre. Ce que je déteste le plus dans les ruptures, c'est le moment des affaires, où l'autre s'en va avec son baluchon et concrétise physiquement la fracture sentimentale.

Alors je lui fais ses valises. Je rassemble ses vêtements – je résiste aux injonctions qui me glissent de lui faire des pantalons et des chemises à franges, façon cow-boy, à coups de ciseaux. Mais non, je ferai « la grande », une dernière fois. Je mets le tout dans mes sacs, car bien sûr il n'en a pas, il m'a pris jusqu'à mes bagages. Je lui envoie un texto : « *C'est fini, tu es allé trop loin.* » Il ne me croit pas, pense que je vais passer l'éponge comme d'habitude. Il ne me demande même pas de quoi il est question.

Il m'envoie une image de lui et de ses copains rassemblés autour de morceaux de viande en train de griller. « *Tu t'inquiètes pas, il n'y a pas de filles.* » Je lui réponds : « *Regarde, inquiète-toi* », avec une photo de ses valises posées sur le palier. Il rentre en quatrième vitesse, dans tous ses états : les hommes ne saisissent jamais vraiment le degré de là où on en est. Il est méprisant : « *Calme-toi, qu'est-ce qu'il t'arrive ?* » Et prononce cette phrase qui restera gravée : « *Je suis allé trop loin, sinon tu aurais continué à faire ce que je voulais.* »

Je le mets à la porte, il ne prend qu'un sac à dos. Je ne veux pas qu'il se serve des valises pour revenir, essayer de me reconquérir. J'appelle ses proches, qui, en bons militaires solidaires, refusent de récupérer ses affaires. Je traverse toute la ville d'Avignon, en portant trois immenses sacs que je dépose en bas de chez son ami, sur le trottoir. Je ne me retourne pas, n'attends pas qu'il descende pour les remonter, cela ne me regarde plus.

Sur le chemin du retour, je me décompose : « *Qu'est-ce qu'il t'aura fallu, ma pauvre fille, pour te faire respecter...* » C'est fou comme le sentiment amoureux peut être une aliénation, comme on peut s'oublier. Lui, revient devant mon appartement, frappe à la porte, je sursaute, pleure, mais refuse de lui ouvrir et de lui répondre. Il me déclame des vers en serbe, des vers d'Aleksa Santic, un célèbre poète romantique de son pays. Il revient souvent sur mon palier ; les poèmes, la porte, les suppliques. Je vois mon état évoluer : je me réfugie dans la cuisine, mon casque sur les oreilles, et je ne l'écoute plus.

Il assiste à tous mes concerts. Il est toujours là, à m'observer. Un jour, il entre même dans ma loge alors que je suis en train de me préparer, un bouquet de fleurs à la main. Il pleure, je lui manque. Je vais voir le videur, lui demande pourquoi il l'a laissé rentrer : *« Il s'est présenté comme votre petit ami. »* Il ne s'excuse pas pour autant, il ne s'est jamais excusé de rien. J'apprends par ses amis qu'il essaye de se faire entretenir par d'autres filles. Je ne sais pas à qui j'en veux le plus : si c'est à lui de m'avoir fait tout ça, ou à moi de l'avoir accepté.

« Nathan, est-ce que tu me considères comme un frère ? »

Judicaël, 23 ans

Premier jour

Après trente de mariage, mes parents se séparent. Ma mère est tombée amoureuse d'une femme, avec laquelle elle s'engage. Je suis aigri, je n'ai pas envie qu'elle soit avec quelqu'un d'autre que mon père. Mais elle tient absolument à me présenter sa nouvelle compagne, et à ce que l'on fasse famille avec mes sœurs et ses deux enfants à elle. Les présentations ont lieu dans leur appartement. Nathan descend des escaliers, je le connais déjà en fait, je l'ai croisé pendant mon parcours scolaire, on a fréquenté les mêmes établissements.

Il est dans le même cas que moi, il n'est pas content que sa mère ait refait sa vie. Très vite, une solidarité de frères qui ne veulent pas être frères se crée. Nathan, son petit frère et sa mère emménagent dans notre maison familiale. Nathan et moi, on s'amuse bien, on se lie de façon amicale, complice, on se moque de cette famille recomposée qui ne nous parle pas.

La relation devient un peu étrange, je me rappelle ses yeux écarquillés quand il m'a reconnu en descendant l'escalier la première fois. Ma mère est angoissée par cette ambiguïté naissante entre nous, c'est moi le plus âgé, je suis censé être responsable. Un autre jour, à une fête de famille, elle nous voit danser ensemble, elle nous sépare. Il y a ce week-end aussi où la maison est pleine d'invités, les lits viennent à manquer, alors avec Nathan on dort ensemble. *« Plus jamais ça »*, m'interdit-elle le lendemain.

« Nathan, est-ce que tu me considères comme un frère ? – Alors là, pas du tout ! » me sourit-il quand je lui pose la question, après avoir appris sa rupture avec son copain. À ce moment-là, j'habite ailleurs déjà, je dois quitter notre ville natale et la maison familiale le lendemain. Je suis triste et lui aussi de cette séparation qui s'annonce. Tout le monde se couche, et je me faufile dans sa chambre. Il y a tellement de non-dits entre nous. On est très jeunes, on n'a jamais été amoureux avant. Est-ce que l'on a de vrais sentiments l'un pour l'autre ? Ou est-ce que c'est le secret, l'interdit familial, qui rend la situation attirante ?

La scène est touchante, on est assis sur son lit, il est plus jeune que moi et cherche à m'impressionner. Il en fait des tonnes, fait semblant d'être très à l'aise, alors que je le sens encore plus fébrile que moi. On s'embrasse. On sait très vite qu'on ne fait pas ça pour embêter nos mères, mais parce qu'on est un refuge l'un pour l'autre dans un monde qui ne nous comprend pas : Nathan a des problèmes au lycée, il souffre de phobie scolaire. Moi je suis en plein changement de sexe, je souffre du regard de mes proches. J'ai le souffle coupé de me rendre compte que je suis aimé. Toute la nuit on parle, on s'embrasse, on se projette loin.

Je pars, c'est le 31 décembre, en pleine soirée je reçois un message de lui : il a envie qu'on soit ensemble. Moi aussi. On est amoureux, on commence une relation secrète. À chaque fois que je rentre le retrouver, je ne préviens pas nos mères, et on part se planquer dans l'appartement d'une amie. Pareil quand lui vient me voir à Paris et prétend passer voir une copine. On s'aime loin de notre famille.

Un jour, ma mère m'appelle alors que je viens de raccompagner Nathan à la gare. « *Tu es avec Nathan ?* me demande-t-elle au téléphone sur un ton péremptoire. – *Oui, oui, je suis avec lui, enfin, j'étais avec lui, je viens de le raccompagner au train, pourquoi ? Tu veux lui parler ? – Fais pas l'idiot, ça n'est pas ça, ma question, ma question c'est : "Es-tu avec Nathan ?"* » Je m'arrête, je réalise. Un soupir contrarié, puis mon intonation s'assombrit et perd la légèreté du mensonge. « *Comment tu as su ?* » Ma sœur, la fameuse, lui en a parlé. La réaction de ma mère est plutôt modérée, comparée à celle de la mère de Nathan, qui l'invective beaucoup plus violemment, comme quoi certains désirs sont faits pour rester des fantasmes, et que les réaliser est un acte « *pervers* ».

Je n'ai plus le droit de venir dans la maison familiale, je suis ostracisé. Il faut protéger Nathan, je suis perçu comme la source du mal qu'il faut éloigner. Je comprends aussi que notre relation avec Nathan compromet celle de nos mères : elles avaient en tête de reconstituer une cellule familiale autour de leur amour, qu'on soit tous comme frères et sœurs, mais il ne suffit pas d'imposer cette bulle aux enfants pour que la greffe prenne. On n'est pas membres de la même famille, on n'appartient pas à une fratrie, on vit seulement sous le même toit comme des adolescents. On se plaît, on tombe amoureux, ça n'a rien de tabou ni d'incestueux. Et cela, nos mères ne le comprennent pas, nos amours s'entrechoquent.

Dernier jour

Avec Nathan, on est fiancés. Il vit dans ma ville avec moi, chez nous. Une nuit, il se lève à 3 heures parce qu'il a un train très tôt pour partir en vacances. Il est stressé par sa valise, il combat avec ses vêtements, ses chaussures, ses produits, il fait un vacarme pas possible comme pour me reprocher de ne pas me mobiliser pour lui. Je finis par émerger pour l'aider à réunir ses affaires, mais il s'énerve parce que je ne l'aide pas assez. Il est de toute façon assez froid et sec avec moi depuis quelque temps.

Depuis mon opération, en fait. À la sortie, j'ai eu un mois et demi de soins à la maison : bandages, points de suture, saignements, j'ai dû tout gérer seul, parce que Nathan est parti. À ce moment-là, il est allé se faire interner volontairement à l'hôpital psychiatrique, parce qu'il avait des crises d'angoisse et des cauchemars, alors que personne ne le préconisait. C'est moi qui ai dû le soigner, aller le voir avec mes cicatrices. Et ensuite, il ne m'a pas touché pendant trois mois. J'ai cru que j'étais devenu indésirable. Moi qui avais toujours eu une attitude hyper-positive envers mon corps malgré mes problèmes, j'ai commencé à me détester à ce moment-là. Je lui en voudrais toujours un peu d'avoir gâché ce qui aurait dû être une grande célébration dans ma vie.

On ne va pas se voir pendant un mois, mais il n'est pas tendre. J'ai les larmes aux yeux, alors il m'embrasse, mais agressivement, comme une menace. Vraiment pour me faire taire. *« Tu vas rater ton train »*, je lui dis timidement, pour qu'il arrête. Il part sans rien dire. Allongé, je regarde le plafond et je pleure tout seul.

L'été s'écoule, je suis moniteur dans une colonie de vacances. Là je rencontre une autre personne, pleine de joie de vivre, aussi facile à vivre que Nathan peut être compliqué. C'est drôle, mais il me regarde comme si rien chez moi n'était un problème. Comme si je n'avais à me sentir coupable de rien du tout.

On s'écrit, mais Nathan sent bien que je m'éloigne. On se retrouve dans notre ville d'origine, où tout a commencé. Maintenant nos mères ont accepté toute l'histoire, on se promène donc librement, mais j'ai le cœur lourd. Je sens que mon histoire avec Nathan est terminée. « *Qu'est-ce qu'il y a ?* » il insiste, depuis un moment déjà. Je finis par lui dire, j'ai des sentiments pour quelqu'un d'autre. Sa première réaction est d'abord de partir, de me planter là, au milieu de la rue.

Je marche vers le port. Nathan m'appelle : « *Ne bouge pas, j'arrive.* » Il déboule en larmes. Au milieu de la rue, des passants, il pleure : « *Tu ne peux pas faire ça. S'il te plaît, ne détruis pas tout ce qu'on a construit ensemble.* » Je n'ai pas répondu, j'ai attendu qu'il se calme. Je l'ai serré dans mes bras pour absorber ses sanglots, son corps s'est secoué, puis a lâché, et sa respiration s'est ralentie. De longs instants comme ça, au milieu du port, notre intimité offerte aux inconnus inconscients du drame qui se joue sous leurs yeux de promeneurs. « *Ça va aller* », j'ai répété dix fois, cent fois, pour m'en convaincre, un peu comme une phrase incantatoire. C'est allé, on est chacun partis chez nos pères. On ne s'est pas revus depuis.

On s'évite soigneusement au domicile familial, pour l'instant. Mais on se parle, quand on doit résoudre des choses. Nathan va mieux, bien mieux, et moi aussi depuis notre séparation. Ma mère et celle de Nathan font tout pour arrondir les angles entre nous. C'est aussi cette pression originelle qu'on a eu du mal à dépasser : notre couple était né sous de si mauvais auspices, était si interdit, qu'on avait une obligation de résultat. De s'aimer à la hauteur des dégâts provoqués par notre relation. Parler vraiment des problèmes – du fait que, même si on avait survécu à nos familles, à ma transition, à ses angoisses, les choses n'étaient pas simples – semblait impossible. J'ai compris, à regret, que s'aimer très fort ne suffisait pas. Qu'aucune relation ne pouvait être une performance. On était juste trop fatigués.

« "Je veux rencontrer ton mari", me demande-t-il. »

Géraldine, 49 ans

Premier jour

Mon mari est tombé amoureux d'une autre femme. Des années de mariage menacées par une autre : pour sortir de cette crise, on a décidé d'essayer le polyamour – cette éthique des relations amoureuses qui veut que les partenaires puissent aimer plusieurs personnes en même temps et de manière transparente. Cela m'a apporté beaucoup de choses : j'ai réfléchi à ma dépendance affective et je suis retombée amoureuse de mon mari, j'ai compris que ce n'était pas juste un amour de projet immobilier, d'enfant qu'on partage ou de prêt à rembourser.

En tant que « mono » – c'est comme ça que l'on qualifie les tenants de la ligne monogame, à l'opposé des « poly » –, je suis très jalouse. À mon tour donc d'essayer le polyamour : je m'inscris sur un site de rencontres sur lequel je spécifie que je suis mariée, mais ouverte à d'autres rencontres. Mon mari sait tout, c'est mon meilleur ami, je l'ai même croisé sur ce site. C'est marrant, on avait un faible taux de compatibilité selon l'algorithme de l'interface.

Je vois le profil de cet homme que je ne connais pas, il a l'air gentil, sa photo est accueillante. « *Coucou* », lui écris-je un peu bêtement. Il apprécie que je prenne l'initiative. Il est lui aussi marié, c'est un « *poly-débutant* », comme il se définit, son couple est en crise, sa femme est tombée amoureuse d'un autre homme. On convient de prendre un café. Mais, entre-temps, je lui raconte que je me rends à une conférence sur l'habitat partagé dans un bar connu de la communauté polyamoureuse. « *Je n'ai rien à faire, je peux venir ?* » me demande-t-il. Cela me perturbe un peu, ce n'est pas ce qui était prévu, j'ai mes procédures, je préfère toujours commencer par un tête-à-tête, cela me rassure. Je vis sa proposition comme une infraction à mes habitudes.

Il arrive en avance. Il ne ressemble pas du tout aux personnes que je choisis : il est très grand, je suis petite. Il est bourge, je suis d'origine populaire. Il est sec et coincé, je suis ronde et antillaise. Tout en lui respire le cadre, transpire le cadre, autant le métier que l'objet. Je suis déstabilisée, j'ai du mal à me faire un avis sur lui, je laisse sa chance à tout le monde, mais il est loin de mes plates-bandes habituelles.

À la conférence, les chaises sont collées les unes aux autres et lui s'assoit très près de moi. Il me parle comme si on se connaissait depuis longtemps. Je ne suis pas très à l'aise. Sur le chemin du retour vers le métro, je le trouve directif. Arrivée chez moi, mon mari m'attend : je lui raconte un rendez-vous un peu raté, une personne qui ne m'a pas plu.

Il me rappelle après : je lui fais du rentre-dedans pour être sûre. « *Est-ce que tu aimes bien les rondes ? Je comprendrais que ça ne soit pas ta tasse de thé, ça m'est déjà arrivé.* » Grâce au polyamour, je connais mes fêlures, la déception des hommes quand ils me voient physiquement, alors je préfère déminer. « *C'est vrai que tu es plus ronde que les femmes que je fréquente d'habitude*, m'explique-t-il. – *Cela ne me dérange pas qu'on arrête là si tu veux.* » Mais il insiste, trouve qu'on a quand même eu un bon contact et que cela vaut le coup de se revoir. Il me propose un dîner dans un lieu plus intime et me demande s'il faut qu'il réserve un hôtel pour après. Je lui réponds « *pourquoi pas* ». Nous, les polyamoureux, on assume tout, cela permet de gagner du temps et de ne pas se rater. Au pire, je passerai la soirée à dormir.

Le dîner a lieu un jeudi, j'ai mis une robe plus jolie que mon jean du premier rendez-vous. Je me suis donné du mal. Il est encore en avance, m'attend à la sortie du métro. Je remonte l'escalator et à la moitié je l'aperçois. Il m'attend et me sourit d'un sourire qui signifie : « *Ça peut le faire* », cela me réchauffe physiquement. À table, il me fait rire, il est moins coincé qu'il en a l'air. Il me propose de prendre en photo sa carte d'identité et de l'envoyer à mon mari, c'est plutôt original, et ça me plaît. Mon mari m'écrit : « *Passe une bonne soirée.* » Tout le monde est rassuré.

La soirée se prolonge dans un hôtel chic, on passe une super-nuit. Il me parle de sa femme, de ses problèmes de couple, de son manque d'amour, qu'il pallie dans mes bras. Je ne suis pas bloquée par mon physique, je m'attendais à devoir compenser sexuellement, à m'excuser de mes kilos en trop par une suractivité. Mais non. On est bien, c'est facile et évident.

Dernier jour

« *Je veux rencontrer ton mari* », me demande-t-il. Cela me plaît qu'ils se connaissent, qu'il voie notre fils. Ma voiture tombe en panne, il vient chez nous et nous aide à en choisir une nouvelle. Je suis sur mon canapé et observe mon mari et ma deuxième relation en plein échange automobile, qui discutent comme des copains, et moi je suis détachée de la scène, touchée par ce bonheur polyamoureux.

On organise une soirée avec tous nos amis poly à la maison, je l'invite, comme un cadeau, pour lui faire découvrir notre univers. Je suis affairée à tout gérer, la cuisine, les verres des invités, à vérifier que tout le monde passe un bon moment, pendant que lui se rapproche de plus en plus de l'une de mes amies. Il a le droit, bien sûr, c'est le principe de la liberté relationnelle, mais au fond de moi je sens une douleur monter, je me sens déconnectée de lui. J'essaye de lui parler, il me répond à peine, je n'existe plus, il m'oublie et part avec mon amie sans me dire au revoir. « *Ça ne se fait pas, vous m'avez gâché mon plaisir, c'est irrespectueux* », leur ai-je écrit à tous les deux après.

Il le prend mal, y voit de la possessivité. Je lui fais ensuite une déclaration d'amour, un long poème pour lui dire tout ce qu'il m'apporte, qu'il m'a rendu ma féminité, qu'il me permet de vivre le couple polyamoureux dont je rêve, qu'il est comme mon mari, au même niveau que lui – mes sentiments sont aussi forts pour l'un que pour l'autre. Mon mari a lu le poème avant que je le lui offre, il l'a trouvé trop sucré, trop rose, trop enfantin. Mon deuxième compagnon reçoit ce poème comme une tentative de contrôle, et il s'éloigne d'autant plus.

Je souffre de cette histoire, ma famille me voit dépérir, passer des heures dans mon lit, avoir du mal à me lever et ne parler que de lui. J'en parle à mon fils pour lui expliquer la situation, que papa et maman sont polyamoureux, et que maman est tombée amoureuse de quelqu'un qui l'aime moins. Mon fils comprend très bien et me souhaite surtout d'aller mieux.

Je prends mon téléphone et l'appelle pour lui dire que je ne veux plus le voir pendant un moment, que son attitude me fait plus de mal que de bien. L'été passe, il vient dîner à la maison en tant qu'ami, m'appelle « ma chérie » toute la soirée. À la fin, on finit par discuter, il m'explique qu'il a rencontré quelqu'un, qu'il est redevenu « mono ». Il n'était qu'un polyamoureux de passage, il s'est servi du concept pour essayer de réparer son couple avec sa femme, il a divorcé, puis a repris une relation traditionnelle avec encore une autre personne.

J'ai été un simple test pour lui, j'aurais aimé que cette relation dure plus longtemps, mais j'avais trop d'attentes. Mon mari m'a aidée à dépasser cette rupture, je suis un peu naïve, il m'a expliqué ce que j'avais tant de mal à comprendre. Le polyamour ne protège pas des blessures de l'amour.

« À ce moment-là, j'ai compris qu'on pouvait tomber deux fois amoureuse de la même personne. »

Nathalie, 46 ans

Premier jour

Il en va de certaines histoires comme de certains plats cuisinés. Qui se consomment une première fois frais, puis se réchauffent, comme si la recette, avec des ingrédients mieux infusés, devenait meilleure avec le temps. Rarement.

La première version avec lui est classique. On est jeunes, post-étudiants, on se rencontre chez des amis communs. Où l'on se croise souvent ensuite. Il est beau, attirant, bouclé, il me plaît physiquement. On n'est pas trop seuls au début, il y a toujours du monde. Un soir, il se lance, on va au restaurant, puis chez lui. Un vieil immeuble sombre dans une petite rue piétonne. Un appartement spartiate, aux volets fermés. Il est un peu craintif et reclus. Deux fauteuils, pas de canapé, une télé sur laquelle il me propose de regarder *Mon oncle Benjamin*, un film des années 60 avec Jacques Brel. Il est cinéphile, connaît plein de répliques par cœur. On se rapproche, mais il est tellement timide qu'il me demande la permission de m'embrasser. Il est doux et tendre, mais il faut l'accompagner dans les actes, ce n'est pas un meneur ni un décideur.

On démarre une relation, mais je dois le quitter toutes les semaines pour aller travailler à Paris – lui est resté dans notre ville d'origine. À chaque quai de gare, mon cœur se serre, mais lui ne semble pas ressentir le même empressement. Je l'interroge sur notre vie à deux, sur le fait que je pourrais revenir habiter dans notre ville : « *Ah bah non, tu ne vas pas revenir en province, reste à Paris* », m'a-t-il répondu, sans chercher lui-même à me rejoindre. Notre relation s'englue, il est comme tétanisé, je finis par rompre, car, vraiment, ça n'avance pas. Les années passent, mais il maintient le lien, m'envoie des lettres, des collages – il est artiste.

Sept ans plus tard, je vais seule à un concert, au festival de notre ville. Je suis dans les gradins, je le vois, avec un copain et sa chemise à carreaux au milieu de la foule. Il a la même tête, comme si on s'était quittés la veille. Lui ne m'a pas vue, mais je descends lui dire bonjour, dans un élan sincère et un vrai plaisir de le revoir. Oui, à ce moment-là, j'ai compris qu'on pouvait tomber deux fois amoureuse de la même personne.

« *J'ai changé, je m'investis plus* », me précise-t-il tout de suite, comme pour tromper cette règle qui veut que les mêmes causes aient les mêmes effets. Que la fatalité relationnelle s'abatte systématiquement, que le *deus ex machina* du couple soit insurmontable. Il a une compagne, mais la quitte rapidement. On se remet ensemble, cette fois-ci, ça va marcher, je pense, on a une nouvelle dynamique.

Dernier jour

Les sièges en velours de la salle d'attente du notaire sont plus confortables que ceux en bois du juge aux affaires familiales. Ce constat, je le fais un après-midi, assise à côté de lui, dans une proximité physique que l'on n'a pas eue depuis longtemps, juste l'espace d'une chaise. Mais sa main qui m'effleure, son désir, tout me semble insupportable.

Il me raconte qu'il s'est acheté une nouvelle voiture. On fait le point sur les vacances scolaires de notre fille : il prend la première semaine, moi la deuxième.

À l'intérieur d'un bureau aussi cotonneux que les chaises de l'entrée, le notaire fait défiler notre vie de couple sur sa tablette high-tech : patrimoine, prêts, il faut tout solder. Lui est toujours aussi timide, faiblement décideur et un peu fauché, il n'ose pas demander quand sa part lui sera versée. Gêné, il fait des phrases trop longues avec des mots ampoulés.

On s'est séparés pour les mêmes raisons que la première fois. Solitaire, il vit enfermé à la maison derrière son ordinateur, coincé par ses difficultés à affronter le monde extérieur. C'est toujours moi qui m'occupe de tout, des courses, de l'enfant malade à l'école, d'ouvrir au plombier. Plus de désir, que des disputes. À deux, et pourtant si seule. Je ne peux plus supporter sa présence, j'ai envie d'être seule le soir à la maison.

Un matin, j'ai décidé que le soir sonnerait la fin. J'attends toute la journée, je rentre chez moi, fais le dîner, me couche, sans avoir réalisé mon objectif. Alors je me relève, en chemise de nuit, un peu échevelée, lui, encore scotché au canapé du salon. « *Je n'ai plus envie de vivre avec toi, je reste au bureau le plus longtemps possible pour t'éviter, c'est plus possible.* »

Je pleure, il est calme. Derrière son ordinateur, il est même impassible. « *Qu'est-ce que tu veux que je te dise ? J'ai bien vu qu'il y avait un problème, mais bon...* » Il ne se bat pas, ne me dit pas qu'il m'aime ou qu'il va changer, ou même que je suis insupportable. Même dans la rupture il est absent et docile. Je lui parle de banque, de juge, de notaire : « *Oui, oui, tu me diras ce qu'on fait.* »

Il m'a ensuite tourné le dos, a remis son casque sur ses oreilles, comme ces adolescents japonais enfermés, *hikikomori*[1] mon amour. On n'échappe pas à la fatalité des gens. Je n'ai pas envie de penser que les gens ne changent pas, mais je l'ai quitté deux fois pour les mêmes raisons. Mon amie Stéphanie m'avait dit à l'époque que cela n'était jamais bon, les plats réchauffés, surtout quand on ajoutait rien dedans. Que ça pouvait manquer d'épices, ou d'ingrédients. Mon ami Benjamin l'avait contredite, en m'expliquant que non, le lendemain, une blanquette était meilleure. Oui, sauf quand ça attache au fond et que ça a brûlé. On ne vieillira pas ensemble.

1. *Hikikomori* est un mot japonais désignant principalement des hommes qui vivent coupés du monde et des autres, cloîtrés dans leur chambre – pendant des mois, voire des années.

« Je me sens comme le héros d'un roman du XIXe siècle, je salue ce moment de correspondance au monde, ces divines surprises enfouies que la vie peut offrir. »

Nicolas, 33 ans

Premier jour

Je suis seul à Rome, presque seul au monde. Le Tibre me conduit jusqu'aux anciens abattoirs transformés en musée d'art moderne. Une immense arche marque l'entrée. À sa tête, un puissant taureau semble se moquer de ma solitude. J'aime bien regarder les filles, mais, cet après-midi-là, non. Je cherche l'entrée du musée, les horaires. Tout est fermé, sans autre forme de procès. Au milieu du soleil et de mon échec se dégage une silhouette toute noire, aussi sombre et couverte que les autres touristes sont déshabillés et colorés. Elle fume comme une actrice, de fines cigarettes dont elle recrache la fumée vers le haut, avec son air snob de belle-de-jour, égarée sur ce terre-plein romain. Nous formons une communauté de visite ratée et de porte close. Elle me regarde, mais ne me sourit pas, elle ne fait que fumer.

« Scusi, perché il museo é chiuso ?[1] *– Euh I am sorry, I don't speak Italian*[2] », me répond-elle, dans un anglais pas anglais. J'ai peur de la brusquer, je reste un inconnu un peu lourd, alors je l'assomme de banalités. Elle vient de Russie, de Sibérie même, Novossibirsk. C'est la première fois qu'elle vient à Rome et n'a jamais vu la place Navone. Elle est directement venue aux abattoirs, pour atterrir là, devant cette porte fermée et moi, qui me propose d'être son guide pour la journée. Marina, c'est son prénom, hésite. Puis cède, adolescente, primesautière. C'est le principe du voyage solitaire, cette envie que des choses surviennent.

Elle doit venir de l'aristocratie russe. Je veux l'impressionner, l'emmener dans un café à la hauteur de sa manière de fumer. Place Navone alors, la place la plus romantique d'Europe, immense cliché certes, mais c'est sûr, ça va l'épater. Une heure de marche légère et volubile, du musée au centre de Rome. Mon bras, cet être presque autonome et transgressif, saisit le sien, devant la fontaine. Elle ne refuse pas. Je fais mon Cicéron, *da*

---

1. « Excusez-moi, pourquoi est-ce que le musée est fermé ? »
2. « Je suis désolée, je ne parle pas italien. »

Cicerone, dans mon anglais d'aéroport. Au café de la place, elle prend un thé, j'ai ma mine circonspecte de buveur de bière, elle s'excuse d'être russe et pas alcoolique.

J'ai payé l'addition – je sus après que c'était bon signe : en Russie, quand une fille insiste pour partager, c'est que c'est raté. J'invente qu'il faut qu'elle visite le ghetto juif – il est sur la route pour chez moi. Je reprends son bras, mon monologue sur le traiteur qui vend les artichauts frits de Silvio Berlusconi, et nous voici devant la pizzeria en bas de mon hôtel. Je la vois se détacher les cheveux devant de mauvaises parts de Margheritas réchauffée au micro-ondes, une fille qui se touche les cheveux, pour le coup, c'est gagné. J'ose, on monte chez moi. Je n'ai pas le souvenir d'avoir croisé qui que ce soit pendant cette journée. Rome, la place Navone, tout était vide. On fume, je l'embrasse sur la terrasse. Je vois passer dans ses yeux son tableur Excel mental, bénéfices/risques, de ce qui est en train de se passer. Le logiciel génère un sourire.

Il est 17 h 30, ses cheveux sont encore défaits, elle remet ses habits du quotidien, et Rome se rappelle à nous. Des crissements de pneus, une sirène de police, la mélodie d'un camion aux freins usés. Il faut redescendre dans la rue. Inutile d'aller boire encore un verre, cela ne serait que faible par rapport au moment vécu. Je l'accompagne au tramway, on échange nos numéros, elle s'enfuit sans un baiser, mais promis, on s'écrit !

Dans les rues du Trastevere, la foule d'un coup réapparaît. La ville me retombe dessus. Je me sens comme le héros d'un roman du XIXe siècle, je salue ce moment de correspondance au monde, ces divines surprises enfouies que la vie peut offrir. Je me dépêche de rejoindre un bar, France-Ukraine se joue à la télé. Je retrouve l'immédiateté de la Cité éternelle, m'embrouille avec mon voisin de tabouret sur Moussa Sissoko, ce joueur aussi pataud qu'emblématique de l'équipe de France de l'époque. Je savoure le prosaïque retrouvé de la soirée après le sublime de l'après-midi. Dans ma tête, cette histoire est terminée. Je ne la reverrai jamais, elle habite en Sibérie, elle restera mon petit trésor russe.

Dernier jour

Le mois de juin à Moscou. Nous sommes dans le petit appartement de Marina, cet intérieur russe aux murs blancs et à la moquette marron, comme pensés par un décorateur soviétique. Dans la capitale, tout est tellement cher que mêmes les très riches vivent dans ces espaces réduits. Son cousin est bien venu cette semaine déposer son aspirateur au volant d'une Porsche. Déposer son aspirateur en Porsche, une certaine idée de l'économie de la Russie.

Dans le salon, des livres se serrent sur les étagères. Dont celui de René Char, que je viens de lui offrir. Ses livres auxquels elle tient tant, seuls vestiges de la richesse perdue de sa mère, ingénieur des ponts déclassée avec la chute de l'URSS. Marina, aujourd'hui dans l'équipe de communication d'une grande banque, rapiéçait avec sa famille des vêtements pour les particuliers quand elle était petite. Elle mangeait peu et surveille encore tous les jours sur son téléphone l'argent qu'elle envoie à sa mère. *« Ah, tiens, elle s'est acheté des bonbons aujourd'hui. »*

Sur la table de la cuisine s'endorment les roses que je lui ai offertes à la sortie du café Pouchkine. *« Elle avait un joli nom, mon guide, Naaaathalie, Nathalie… »*, nous a susurré Gilbert Bécaud toute la semaine. Devant le café Pouchkine, justement, je l'ai attendue avec une rose, qui à son arrivée s'est envolée derrière une baraque de chantier. Il a fallu lui racheter tout un bouquet en sortant pour pardonner l'insolence du vent.

C'est notre dernière soirée, je rentre à la maison avec un petit Tcheburachka – l'ours en peluche aux grandes oreilles qui a régné sur l'imaginaire des enfants russes – pour ma nièce à naître. Elle tient à me montrer le dessin animé dont il est issu, qu'elle me traduit patiemment et en direct. Puis son angoisse monte en même temps que la nuit. Dans la chambre, elle s'allonge dos à moi, se replie, pour remettre la distance qui va nous séparer le lendemain. *« Tu trouveras quelqu'un avec qui tu seras bien »*, je tente, pour la rassurer. Cette phrase la fait pleurer. Je veux l'effacer, lui dire que moi aussi j'ai envie de rester avec elle. *« Maintenant je suis avec toi, me parle pas de ça »*, m'assène-t-elle. Elle m'appelle « mon rrroi », en roulant les « rrr » à la russe.

On se rendort, le jour se lève. C'est la première fois que je regarde ma montre de la semaine. Sur la table, les roses me narguent et font comme moi, semblant d'être vaillantes. J'attrape le livre de René Char, je griffonne *« À ma princesse qui fut aussi mon guide »* dans son dos tourné, mais elle me surprend, sourit et m'impose de manger, au petit déjeuner, le fromage que je lui avais rapporté. Alors, pour la faire rire et effacer les larmes de la nuit, je lui cherche Gilbert Bécaud en russe, qu'elle puisse enfin comprendre les paroles. *« Naaaathalie »,* je mets la chanson et comprends au bout d'une minute qu'elle est en espagnol.

Je fais ma valise, mes gestes sont mécaniques, je commande un taxi et tente d'étirer le temps. De retenir les dernières miettes de ce moment, comme après un bon film, où à la sortie du cinéma, claudiquant, on reste silencieux pour maintenir en vie les personnages. On parle, elle me raconte qu'elle a déjà eu deux demandes en mariage.

Avant de partir, je veux acheter une petite croix en argent à la basilique d'à côté. Je suis en retard pour mon avion, mais je la force à m'accompagner. Elle négocie avec le vendeur. À la sortie de l'imposant bâtiment, nous sommes saisis comme des lapins dans des phares : le taxi est là, déjà. Les valises, le coffre, nos lèvres qui s'entrechoquent, et ce silence. J'entends la pluie tomber sur son parapluie. Comme à Rome devant le tramway, aucun mot échangé. Le chauffeur démarre sur l'immense avenue, je me retourne, et par la vitre arrière je vois s'effacer cette même silhouette noire, celle des abattoirs.

« Tu sais, je trouve ça quand même très désagréable quand tu me fais le coup du silence. »

Marine, 32 ans

Premier jour

J'adore le sport, le théâtre. Je suis au lycée, j'ai vécu quelques petites relations avec des garçons et des filles, des amours collégiennes. À mon cours de théâtre, où j'ai plein de copains, il y a cette nouvelle qui entre, traverse la salle municipale, avec ses longs cheveux blonds et ses yeux verts, et je n'arrive pas à détacher mes yeux d'elle. On est habillées pareil : on a le même tee-shirt avec des dessins de *street art* dessus. C'est mon vêtement préféré, celui des grandes occasions, que je mets quand je veux être jolie et me sentir bien, et on a le même.

Le cours se déroule, les deux professeurs sont très sympas, mais moi je ne fais que perdre mes moyens, je n'ai jamais été aussi nulle en improvisation. C'est la première fois que ça me fait quelque chose comme ça, j'avais eu des petites relations adolescentes avant, mais rien qui me fasse ressentir une chose pareille. Je ne sais pas si elle est homosexuelle ou pas, elle est très froide. L'année de cours de théâtre passe, mais on ne se parle pas. Je pense tout le temps à elle. Je tiens un journal intime que je remplis de mes sentiments pour elle, à défaut de pouvoir les lui exprimer.

Je l'observe tout le temps, j'attends avec impatience le mercredi pour essayer de lui parler avec un air cool et détendu, j'élabore des tonnes de stratégies – *« Mercredi prochain, il faut que tu arrives à lui parler plus, "Salut, ça va ?", ça suffit pas »*, je me répète en boucle, mais il n'y a rien qui fonctionne. Elle ne m'offre aucun encouragement à entrer plus en contact avec elle, elle a besoin de beaucoup d'espace intime, n'est pas très sociable.

La rentrée d'après, on est inscrites dans le même art martial, il n'y a plus les copains du théâtre entre nous, c'est incroyable qu'on se retrouve dans le même cours sans s'être concertées. En plus, on a le même gabarit, donc le prof nous met tout le temps ensemble pour faire nos corps-à-corps, c'est merveilleux de pouvoir se toucher, s'agripper comme ça. Un mercredi, elle m'attend devant le gymnase, me propose de remplacer le judo par un café. Mon fantasme d'une année se réalise : je peux enfin parler avec elle.

Le mercredi d'après, elle m'attend encore devant le gymnase. Cette fois-ci, elle ne me propose pas un café, mais la forêt d'à côté. La salle de sport donne sur une sorte de bois un peu à l'écart, dans lequel nous pouvons nous cacher. On marche sur le chemin boueux, et à peine notre balade dissimulée par des arbres, qu'elle accélère le pas, se retourne devant moi, m'arrête et m'embrasse. Je suis stupéfaite. Mon rêve après tout ce temps se réalise, elle était si insaisissable que je la croyais hétérosexuelle. Elle m'avoue qu'elle aussi avait passé l'année à y penser, au théâtre. On s'embrasse encore plus, on fait l'amour dans la forêt, ce sont mes premières étreintes amoureuses. Tout cela est naturel, j'ai l'impression qu'on se connaît déjà bien, de me fondre en elle.

Avant de ressortir de la forêt, à l'heure où nos parents doivent venir nous chercher, on enfile nos kimonos et on s'ébouriffe les cheveux, pour faire semblant d'avoir transpiré en cours de judo. Ma mère m'attend devant la salle, je monte dans sa voiture en souriant bêtement, je suis au paradis.

Dernier jour

31 décembre. Il fait froid, je suis en pleins préparatifs du réveillon, que j'organise chez moi. Cotillons, blinis, poisson fumé et *pierogis* au menu – ma famille est originaire d'Europe de l'Est. Je m'apprête à faire une belle fête avec tous mes amis et surtout avec elle. Je prévois de lui présenter ceux qu'elle ne connaît pas, maintenant qu'elle est plus ouverte et qu'on arrive à être plus proches. Elle est difficile à suivre, change souvent d'avis. Notre relation est cachée, devant ses parents elle dit seulement que nous sommes amies. Dès que je lui parle d'habiter ensemble ou de projets, elle recule, disparaît, se mure dans le silence pendant deux ou trois semaines, quelques mois même parfois. Elle m'explique que, dans ces intervalles, elle a des relations avec des hommes.

À chaque fois qu'elle revient, j'essaye de lui faire une crise, mais je n'y arrive pas, je suis heureuse qu'elle soit à nouveau avec moi. Elle passe des dizaines de nuits à la suite chez moi, je lui propose d'emménager dans mon appartement : « *C'est ridicule, tu ne vas pas continuer à payer un loyer, repasser en coup de vent chez toi chercher quelques affaires* », et hop, elle s'évanouit dans la nature. Troubles de l'attachement, de l'engagement. Elle revient, on se prépare à partir vivre ensemble au Canada, on a les visas, et elle se met à ne plus me répondre. Je pars quand même, un mois après elle m'écrit : « *Mais tu es où ? – Bah, de l'autre côté de l'Atlantique, je suis partie quand même.* » Elle me rejoint pour de longues périodes, mais, même à Montréal, elle ne s'engage pas.

C'est la frustration permanente, le rapport de force toujours en ma défaveur. De la froideur extrême, elle passe à des moments où elle veut tout le temps me voir. Et si je ne suis pas disponible pour l'intensité qu'elle souhaite me délivrer, elle le prend très mal. Elle installe la toxicomanie dans nos rapports. Consomme de la cocaïne à toutes nos soirées, la couple avec du Subutex, elle s'abîme dans la drogue, finit incapable de parler, en déliquescence sur le canapé. Et moi, je m'y mets aussi, pour faire comme elle, pour lui plaire. Sauf que moi, je tombe en plein dedans, je prends beaucoup trop de cocaïne, me retrouve dans des états extrêmes, j'arrête vite parce que je me fais très peur.

Ce 31 décembre, je me dis que tout ça est derrière nous, qu'on va pouvoir être vraiment ensemble. Deux heures avant, je suis affairée à déplacer les meubles, installer le buffet, découper les légumes. Mon portable sonne. C'est elle. Elle ne viendra pas ce soir, ne dit pas pourquoi : « *J'ai pas envie d'en parler, on en parlera plus tard.* » Effondrée, je lui envoie un seul message – je ne lui avais jamais dit à quel point je souffrais de tous ces allers-retours, à quel point tous mes amis me soutenaient dans ce supplice de « je te veux, je te veux pas », mais qu'est-ce que j'ai encore fait pour qu'elle se comporte comme ça. « *Tu sais, je trouve ça quand même très désagréable quand tu me fais le coup du silence* », phrase assez euphémistique par rapport à ce que je pense et ressens, qui serait plus quelque chose du genre : « *Grosse salope, tu disparais à chaque fois que tu flippes.* »

Elle ne me répond pas, je bois pour calmer l'anxiété de l'abandon, la douleur de la perte. Pour éclater ma tristesse. L'alcool monte, minuit sonne, je suis déjà dans mon lit quand j'entends mes copains restés au salon célébrer la nouvelle année.

Le lendemain, j'ai décidé de la bloquer. De ne pas la laisser revenir comme d'habitude dans quelques semaines la bouche en cœur, comme s'il ne s'était rien passé et qu'elle était juste sortie acheter une baguette de pain. Depuis, la vie est fade sans elle, mais elle est plus respirable, j'ai l'impression qu'on m'a arraché une partie de moi, qu'on avait un cerveau pour deux. Mais c'était plus vivable, j'étais tellement dans l'angoisse qu'elle parte que je ne disais rien.

« Elle me fait visiter sa chambre, même si c'est interdit. »

Arthur, 31 ans

Premier jour

J'entre à l'hôpital psychiatrique le 31 décembre.

Je décompense depuis quelques jours déjà. Je vois des signes, des coïncidences qui n'en sont pas partout. J'ai l'impression de vivre dans un jeu de piste, que les gens qui me parlent font des sous-entendus. Je suis en plein trip mégalo, en mission, à ne suivre que mon instinct, comme dans ces livres dont vous êtes le héros. Étudiant en médecine, j'ai tenté de réviser à la bibliothèque, mais j'ai passé la journée à délirer, à errer au volant de ma petite voiture entre la ville et la campagne. De retour à la bibliothèque, je me cache, commence à fumer des clopes dans les salles, et je me fais interpeller par une grosse dame de la sécurité. Je l'insulte, elle appelle la police, ils arrivent, je les provoque encore plus. Menotté à un radiateur du commissariat, je crie toujours plus fort, jusqu'à mon transfert aux urgences, où je suis attaché, sédaté, contentionné.

Mon arrivée à l'hôpital après cet épisode est un soulagement, je sors d'un cauchemar délirant. Il fait très froid, j'ai presque des engelures aux doigts, et nous sommes répartis en petits pavillons aux portes desquels nous passons des heures à fumer le nerf de la guerre : des cigarettes. C'est le soir du 31 décembre, le réveillon, mais je ne le sais pas, je n'ai plus de repères dans le temps. À l'heure des médicaments, nous faisons tous la queue devant une table à roulettes sur laquelle trônent des coupelles en plastique remplies de gélules de toutes les couleurs, nos traitements. Dans la file, je repère une superbe brune, très grande et très belle, un peu égyptienne. Elle a de longs cheveux coiffés d'une chapka, des lunettes carrées et des bottes fourrées. J'apprendrai après que ses cheveux sont en fait une perruque – elle s'était rasé la tête dans un accès d'angoisse.

Nous sommes ensuite tous conduits dans la grande salle à manger de l'hôpital, où se joue une scène digne du *Grand Meaulnes*, des gens avec des têtes d'adultes ont des comportements d'enfants dans ce réfectoire. Tous les maniaques, schizophrènes et dépressifs du coin en train de crier *« Ouais, c'est la fête »* et de manger du foie gras. Épuisé par mon premier jour, je demande à rentrer dans ma chambre.

À l'hôpital psychiatrique, je joue beaucoup aux cartes. Avec un type qui ressemble à Bob Marley, un autre qui parle à Joy, son ami imaginaire, auquel il est connecté par une puce, et Félicie, fan inconditionnelle de Maurice Ravel, qui arrive toujours dans la pièce en tapant du pied et hurlant « *Je veux écouter Maurice Ravel* ». Et puis elle, la fille que j'ai trouvée très belle, elle qui s'appelle Flore, se joint à nous. Je délire moins, je suis juste *up*, mégalo, excité, drôle, je la fais rire, nous sommes complices. Après les cartes, elle me fait visiter sa chambre, même si en principe c'est interdit : nous n'avons pas le droit d'aller dans la chambre des autres patients.

Je la drague sur sa chapka, son regard pétille, je l'embrasse, elle se prend ma fureur maniaque dans la tête, elle qui est plutôt borderline option troubles de l'attachement. Elle a 18 ans et un petit ami qui dirige un fast-food. Je suis tout de suite amoureux d'elle, je me construis un petit monde : ma copine, mes copains de l'HP avec lesquels je joue aux cartes, nous reproduisons la vie de l'extérieur.

Cela ne me fait pas toujours du bien d'être avec elle : du fait de ma pathologie, j'ai besoin de dormir et je ne dors pas de la nuit parce qu'on discute et on rigole. Je me réactive en mode jeu de piste, et je refais une attaque de panique. Mais nous nous rendons aussi heureux : nous passons des heures dans le parc à écouter de la musique sur mon iPhone, à se dire comme des adolescents que tout ce qui ne nous tue pas nous rend plus fort, que c'est nous deux contre le reste du monde, et que nous allons nous en sortir, ensemble.

Dernier jour

L'hôpital, à force, peut être iatrogène : te rendre plus malade que tu ne l'es déjà. Sur les conseils de mes parents, je me rase, je mets une chemise pour convaincre le psychiatre de me laisser partir. Sortir d'HP, c'est comme sortir de prison : les gens sont contents pour toi, te font un pot de départ au jus de fruits. Avec Flore, on est convaincus qu'on va rester ensemble.

Je reprends ma vie dehors, je me rends à une soirée avec des proches. Là-bas, j'explique guilleret à une amie que j'ai une nouvelle copine, rencontrée à l'hôpital. Elle me dit de faire attention, qu'elle est peut-être un peu paumée et déséquilibrée, que c'est peut-être pas ça qu'il me faut pour aller mieux. Sa réflexion pose un premier jalon.

Flore sort enfin. Je vais la chercher à l'hôpital avec ma Saxo, je l'aide à déménager toute sa vie contenue dans sa petite chambre, elle n'a en fait que quelques sacs de vêtements. Elle a trouvé une place dans un foyer de jeunes travailleurs, je suis très content pour elle, elle va pouvoir commencer une nouvelle vie. Déjà notre relation est moins intense, on s'embrasse plus tranquillement.

Mais en bas de cet immeuble froid et sans âme, avec ma voiture garée en warnings, je me prends la réalité dans la tête. Son nouveau logement est minuscule, je ne me projette pas dans cet endroit, je ne me vois pas dormir dans son lit, ni qu'elle entre dans ma vie de dehors. Je la laisse, toute jolie, et lui pose un baiser dépassionné sur la bouche. Cela sera notre dernier.

Une semaine après, nous échangeons par messages : notre relation est terminée, sans drame. Depuis, elle a épousé son gérant de fast-food. Et je garde une immense fierté de cette histoire : d'avoir réussi à créer un espace de liberté, de transgression, dans cet univers mortifère de l'hôpital. D'avoir humanisé tous ces pavillons froids, rocailleux et psychotiques de nos étreintes. Flore a fait partie de ma crise, de cette colonie de vacances qu'a été l'HP, où on se cachait de l'infirmière pour faire ce qu'on avait à faire. Et à 20 ans, ma préoccupation, c'était surtout de rencontrer le maximum de filles, dans les circonstances les plus chouettes possible, et c'était le cas.

« J'avais appris à toujours laisser sa chance au produit, mais c'était une belle copie chinoise. »

Maud, 38 ans

Premier jour

« *Maud, il n'y a que des mannequins ici !* » s'exclame ma copine Perrine, à peine entrée dans ce bel appartement de Saint-Germain-des-Prés, moulures au plafond et cheminées en marbre surmontées d'un miroir. Une de nos copines de fac fête ses 25 ans, et le casting est plutôt réussi. Arnaud arrive en retard, jean, chemise blanche, baskets Adidas rouges, il est pas mal du tout, avec ses cheveux en bataille et son grand sourire. Il a la tête des mecs qui plaisent aux filles.

À l'époque, je suis confiante, triomphante. Je viens de finir mes études, je commence un stage à l'Assemblée nationale, on part à la conquête du monde. Avec mes copains, on joue à s'imaginer maire, conseiller général. C'est ma phase solaire, et là, ça tape, je vois Arnaud et il se passe un truc. Il est un peu cliché, ce pubard, moi, la nana de gauche, je n'aime pas trop ça, mais, de chaque côté du bar, on se regarde beaucoup.

On me le présente : « *Arnaud, 80 KE de salaire par an...* » Je me dis : s'il vote à gauche, c'est fabuleux, mais non, c'est un mec de droite. La soirée bat son plein, je bois des cocktails, mon amie Perrine m'abandonne pour les bras d'un bel inconnu. À une heure du matin, l'heure un peu éméchée où la musique commence à primer sur les discussions, je parle avec Arnaud. On rigole, on se marre, ça colle, c'est l'euphorie des 25 ans. On s'embrasse, et des copains joueurs nous attachent les mains avec des menottes en plastique qui traînent dans l'appartement. Plus tard, l'amie dont c'est l'anniversaire me montrera les photos de cette soirée en me disant qu'Arnaud et moi nous étions sur toutes les photos, nous rayonnions : « *C'était pas ma soirée d'anniversaire, mais votre soirée de rencontre.* »

J'ai un peu l'impression d'avoir gagné au loto, qu'un mec comme ça m'aime bien, c'est assez fou, alors que je ne suis pas la plus jolie de la soirée. S'il y avait un championnat de la drague, il serait clairement dans la ligue du dessus. C'est un très bel homme, mais dangereux aussi, il peut se taper plein de filles. À 4 h 30 du matin, je décide de ne pas terminer la nuit avec lui, ça le rend encore plus accro, il n'est pas habitué à ce qu'on se refuse à lui. « *Je vais partir ! – Mais non, tu vas pas me laisser comme ça, je te ramène, tu me ramènes. – Non, mais t'inquiète pas, ça n'en sera que meilleur* », lui dis-je en rentrant dans ma petite Super 5 d'étudiante.

Il a pris mon numéro, m'appelle dès le lendemain, pour me laisser un message vocal : « *J'espère que tu passes un bon dimanche, j'aimerais te revoir.* » Je ne réponds pas tout de suite, je reprends le boulot le lundi. À peine à la machine à café, à 9 heures du matin, il m'a déjà rappelée, il m'a bien aimée.

On se revoit le lendemain soir, c'est le printemps, la soirée est douce, il me complimente sur mon haut blanc, on rit, on sourit, on s'embrasse à nouveau, on ressemble à un petit couple parfait. Très vite, on ne se quitte plus, tout le monde nous complimente, les gens me l'envient, c'est la plus belle période de ma vie.

Dernier jour

À l'époque, nous vivons chez une amie. Notre appartement est encore en travaux, en attente de l'emménagement. Un soir, il est rentré tard d'un dîner professionnel, moi je me lève dans la nuit pour aller aux toilettes. J'ai un doute, je prends son portable et je lis ses textos. Je tombe sur un message : *« Tu es bien rentré, mon cœur ? »*, envoyé par Stéphanie, une de ses collègues. Le lendemain matin, à la table du petit déjeuner, je lui demande des comptes, je la traite de salope devant ma mère, qui me fait remarquer mon langage ordurier. Arnaud s'exclame que c'est ridicule, il nie tout. Je ne la vois pas encore comme un danger, il l'appelle « madame Lessive », Stéphanie, car elle gère le budget produits ménagers dans leur agence. *« Si ça continue, on va divorcer ! »* je m'entends proclamer, comme pour tromper le sort et faire taire ce vilain instinct.

Un autre jour, il me reparle de Stéphanie en me disant qu'elle l'a quand même assez impressionné sur une présentation, toute madame Lessive qu'elle soit. On a un joli bébé, un bel appartement, une belle Audi, mais je m'inquiète quand il m'annonce qu'il doit partir en tournée dans toute la France, avec elle justement. Il rentre toujours tard, je suis la petite femme au foyer, même si j'ai passé la journée en pyjama, je me maquille, m'habille et lui prépare le dîner dès qu'il revient.

Je vois ses heures de retour à la maison sans cesse reculer. Je m'achète un petit agenda où je note les horaires, et j'établis une moyenne de 10 heures du soir pour le mois. Ça fait tard pour un nouveau père de famille. Parfois même, il ne rentre pas du tout, coupe son téléphone et revient le lendemain en me traitant d'hystérique dès que j'essaye de savoir où il était.

Arrive la fameuse tournée publicitaire avec sa collègue Stéphanie. Je tombe en dépression, couverte de verrues et dégoulinante d'angoisse, je craque et je demande à une amie forte en informatique d'installer un mouchard sur son ordinateur pour obtenir son mot de passe de boîte mail. Je n'ose pas l'installer sur le sien, mais sur le mien. Je prétexte un problème avec Hotmail sur mon ordinateur pour qu'il s'y connecte. « *Mais il marche très bien, ton PC* », s'énerve-t-il, avant de partir au bureau.

Je me précipite dans ses messages, j'épluche tout, je ne trouve rien. J'appelle mon amie, je lui dis que je ne comprends pas, il n'y a rien, peut-être je suis un peu trop fébrile. Au moment de raccrocher, un mail de Stéphanie arrive, je l'ouvre. Ça parle d'un week-end en amoureux à Londres qu'ils sont en train d'organiser, et ça finit sur cette phrase qui restera gravée éternellement dans ma tête : « *Ne t'inquiète pas, ces petits détails ne nous empêcheront pas de vivre notre relation, je t'aime.* » Les petits détails, ce sont moi et mon fils de neuf mois.

Je pète un plomb, l'appelle, lui demande des explications, il se défend encore, il n'a pas couché avec elle, l'a juste embrassée. Je culpabilise, tente de le récupérer, me dit que, s'il a été voir ailleurs, c'est parce que je n'ai plus été assez femme et trop mère. Je lui écris une lettre : « *J'ai peut-être mes torts, on peut y arriver, on peut traverser cette crise et repartir* »... À son retour du travail, il a à peine lu ma lettre : « *J'ai trop de boulot* », me répond-il agacé, alors que je pense avoir écrit la lettre de ma vie, celle qui pourra nous sauver, notre mariage et notre fils avec.

S'ensuivent des moments affreux où il part, revient, repart, revient, hésite sans cesse entre nous deux. J'attends de peser quarante-huit kilos, d'enchaîner les malaises vagaux et de découvrir un énième mensonge sur des vacances qu'il aurait passées tout seul, alors qu'en fait il était avec elle pour me dire que c'est terminé. Il était tout pour moi, mon meilleur ami, mon amant, mon frère, le père de mon fils, mon mari, mais il a détruit toutes ces cases au fur et à mesure. S'il meurt, j'irai à son enterrement, mais peut-être seulement pour mon fils.

En fait, le dernier jour de notre histoire était contenu dans le premier. J'avais déjà pressenti cette peur d'un homme à femmes, d'un champion de la publicité, dont le meilleur produit est lui-même. Moi, j'étais sincère, j'avais appris à toujours laisser sa chance au produit, mais c'était une belle copie chinoise, de celles qui sont tellement bien faites que même les finitions sont là, tu penses : « *Ça n'est pas du faux, c'est pas possible, mais en fait si.* » C'est comme un grand cru sur l'étiquette qui se transforme en vinaigre, bref je n'ai pas assez de métaphores pour décrire cet homme qui s'en va à la première épreuve. Cette personne que tu imagines la plus forte au monde, celle qui te protégera toujours et t'emmènera au bout du monde, est en fait faible. Mais c'est mieux comme ça, j'ai pas envie d'un mec qui te lâche au moindre pépin, moi j'ai envie d'être avec quelqu'un qui vient me voir à l'hôpital si je suis malade, qui m'aime même si j'ai plus de cheveux à cause de mon cancer.

« Il me demande mon numéro, on a vingt ans et deux continents d'écart, mais je dis oui. »

Christelle, 45 ans

Premier jour

Ce jour de janvier, j'ai les bras chargés de pulls et de pantalons usés quand je rejoins les bénévoles pour la distribution de vêtements aux migrants. Il est là, au milieu d'une trentaine d'autres, on dirait qu'il a enfilé toute sa valise sur lui. Il me semble un peu jeune, m'aborde, me demande mon prénom dans un anglais d'aéroport. J'ai 45 ans, lui 26. Il vient du Cachemire. Il a de grands yeux marron, l'iris se distingue mal de la pupille, on dirait qu'il a du mascara permanent sur ses grands cils. Devant sa cabane, j'apprends qu'il est arrivé tout seul, à 15 ans, en Europe, en Allemagne d'abord, qu'il était cuisinier. Il me demande mon numéro, on a vingt ans et deux continents d'écart, mais je dis oui.

Le soir même, rafale de textos. Mes enfants dorment à l'étage, mon ex-mari est parti il y a deux ans. Il ne me verse pas la pension de 90 euros par mois. La CAF voudrait que je porte plainte contre lui pour abandon d'enfants. Ce réfugié, c'est peut-être la récompense du destin. On s'est très vite embrassés. C'est génial, je revis, on se voit et s'aime partout, dans les parcs, les cafés, chez moi parfois, même si je ne veux pas qu'il s'y installe, il y a mes enfants. Et puis c'est un migrant, c'est compliqué à assumer. Il est beau et doux, mais parfois son regard s'assombrit. Depuis un an et demi qu'il traîne à Calais, il ne sait plus quoi faire de sa vie. Il n'arrive pas à passer en Angleterre, je me dis qu'il n'essaye pas vraiment à cause de moi, qu'on pourrait se marier, même si je ne suis pas encore divorcée.

Un jour d'été, dans un café, il prend mes mains dans les siennes, passe ses doigts sur ma joue, ma mère m'a toujours dit : un homme qui te caresse le visage est amoureux de toi, c'est pour imprimer ta beauté. Il sanglote comme un enfant : « *Je sers à rien, j'en peux plus d'errer* » ; je prononce la phrase magique : « *Je t'emmène en Angleterre.* » Ça faisait longtemps que je la retournais dans ma tête. Je n'avais pas encore réussi à la verbaliser, de peur de le perdre, de peur qu'il m'utilise. J'enchaîne sur les détails techniques, je ne veux pas me donner le temps de retirer ma proposition : « *Viens, on prend ma voiture, on va au terminal ferry.* » Dans l'heure, j'achète un billet.

Il se glisse dans le coffre, on passe trois contrôles. Aucun agent de police, ni côté français, ni côté anglais, n'inspecte ma voiture. À Douvres, au détour d'une ruelle, je le libère.

« On est en Angleterre, my love, regarde les falaises.

– Je ne pensais pas que ça serait aussi facile ! »

On est tellement heureux, on vit la liberté. Je l'emmène à Birmingham, en banlieue de Londres, où il a un vague cousin. Le lendemain, je rentre en France.

Il m'écrit le soir même, m'engloutit de smileys, de baisers, d'empressement, de compliments. Je suis sa princesse, l'amour de sa vie, il faut très vite se revoir, il faut aussi que, la prochaine fois, j'emmène dans mon coffre le frère d'un ami et son copain, et qu'à eux aussi je leur offre la liberté, le grand frisson anglais. Je récupère deux passagers à la gare de Calais. Café, coffre, bateau, duty free aux couleurs criardes, falaises de Douvres. L'un des deux passagers embrasse le sol, l'autre me donne un billet de vingt euros. Je les conduis à Birmingham, où je retrouve mon compagnon. Il vit dans une maison délabrée, à six par chambre, il a un petit boulot de serveur au black dans un fast-food indien. Je le sens plus épanoui, je suis fière de l'avoir aidé. On fait plein de projets, ouvrir un restaurant ensemble en Angleterre, ou pourquoi pas en Inde. Mais, pour l'heure, mes enfants m'attendent pour la rentrée des classes.

Dernier jour

« Vous pouvez ouvrir votre coffre, s'il vous plaît ? » Contrôle de police à l'embarquement des ferries. Je viens de présenter mon billet et ma carte d'identité. Je sais que c'est la fin. À chaque fois, les déclarations d'amour enflammées de mon réfugié d'outre-Manche se sont accompagnées d'autres demandes de convoyage. Je ne dois pas venir « à vide », mon coffre doit être rempli de ses connaissances. Il m'impose trois personnes. Je ne réfléchis plus, j'ai tellement envie de le voir.

J'ouvre le coffre, à l'intérieur, mes trois passagers recroquevillés se déplient, sortent l'air penaud. On attend les officiers de la police aux frontières pour notre mise en garde à vue. « ASI », comme ils disent, aide au séjour et à l'entrée irréguliers des étrangers.

Avant d'être embarquée, j'ai eu le temps d'envoyer un message à Birmingham. *« I had a problem. I can't come to you right now, I'll give you news asap*[1]. » C'est notre dernier échange. Il craque sa puce à la seconde où il reçoit mon texto, je n'ai plus jamais eu de ses nouvelles. Envolés, les projets de restaurant, l'Angleterre, l'Inde, le grand déménagement, la vie de couple.

La réalité, c'est la garde à vue au commissariat de Coquelles, quarante-huit heures entre une cellule sale et le banc de la salle d'audition. Les policiers me crient dessus, pensent que j'ai fait du trafic d'êtres humains. Un fonctionnaire me montre la photo du petit Aylan mort échoué sur une plage turque. « *Vous êtes responsable de ça ! Vous savez que vous risquez cinq ans de prison, vos enfants vont être placés, quand vous sortirez, vous ne les reconnaîtrez plus.* » Je panique, reconnaît un passage, puis un deuxième. « *Vous avez touché combien par passager ? 800 ? 1000 ? 1300 euros ?* » On se croirait aux enchères, avec mon avenir pénal sous le marteau du commissaire-priseur. Je finis par valider les 1300 euros pour pouvoir retourner dans ma cellule, alors que je n'ai jamais touché un centime de ces passages. Ils appuient là où ça fait mal : « *Votre "compagnon", comme vous dites, il s'est servi de vous, vous avez vingt ans d'écart, vous pensez sérieusement qu'il vous aimait ?*

1. « J'ai eu un problème. Je ne peux pas te rejoindre maintenant, je te donnerai des nouvelles au plus vite. »

Il vous a utilisée comme une mule, il a gagné plein d'argent sur votre dos. »

La suite n'est qu'un long calvaire judiciaire, je suis transférée à la prison de Lille, puis comparution immédiate au tribunal de Boulogne-sur-Mer. La procureure me traite de passeuse, je manque de l'interrompre en plein réquisitoire. Je ne suis pas une délinquante, je n'ai jamais vu d'arme de ma vie, je proposais juste une aide, un bout de coffre contre une vie meilleure. Mon avocate plaide ma dépression, mes deux enfants, mon histoire d'amour ratée. Six mois de prison avec sursis.

Le lendemain, ma mère m'attend à la sortie de la prison. Elle a passé la semaine entre la garde de mes enfants et le parking du commissariat, où elle restait dans sa voiture, juste à être là, pas loin, pour me soutenir. Elle a appelé toutes les associations de Calais à la recherche de conseils. Personne n'a voulu aider cette bénévole *« qui est allée trop loin »*.

Photos, messages, lettres, j'ai tout détruit. On est quand même restés six mois ensemble avant que je l'emmène en Angleterre. M'a-t-il aimée ? M'a-t-il utilisée ? C'est une vérité que je ne veux pas connaître. Elle se situe quelque part dans cette zone aussi grise que le ciel de Calais. C'est moi qui lui ai proposé le premier passage. Il me manque.

« Elle m'envoie ensuite des messages pour me dire que j'ai mal réparé l'armoire de la salle de bain. »

Jérôme, 48 ans

Premier jour

Un jour par semaine, je vais donner des cours à la fac. Cela me fait du bien. Alors que dans le reste de ma vie professionnelle s'enchaînent trahisons, mesquineries et gens blasés, au moins les élèves sont encore innocents et trouvent que tout est formidable. C'est ma meilleure promo, même si c'est dans un amphi qui tombe en ruine, un lieu abominable d'insalubrité, l'une des pires facs de France.

Au beau milieu de mon cours d'économie, mon regard croise le sien et je me trouble, je perds mes mots, je rougis, je me bloque. Pendant ces trois-quatre secondes qui me paraissent une éternité, je crois que toute la classe comprend que j'ai flashé sur cette fille, mais non, apparemment, tout va bien. Alicia m'avouera plus tard que personne n'écoutait vraiment mon cours. Alicia, c'est son nom, est l'une de mes élèves. Elle est très belle, mais ce n'est pas un mannequin anorexique. Avec son corps en sablier, ses formes à la fois rondes et parfaites, ses fines attaches, elle a un côté pin-up des années 50. Bien sûr, je sais qu'un prof ne doit pas fricoter avec une élève. C'est une barrière que je m'interdis de franchir.

Alors j'attends la fin de l'année, la remise des diplômes, où l'on se recroise, elle et mes élèves avec qui je m'entends si bien que je les invite le lendemain à la grande fête que j'organise chez moi. Inviter autant de gens, seulement pour garantir la présence d'une seule personne, c'est risqué pour la moquette de mon appartement, pensé-je en ouvrant la porte de chez moi et en la voyant débarquer. Elle me plaît, je suis timide. Je me trouve un peu vieux pour elle quand même, on a 19 ans d'écart. Mais pas elle pour mes amis, puisque ce soir-là elle sort avec l'un d'entre eux qui a mon âge. Je m'étais placé des interdits, je vois que mon copain les piétine, heureusement cela ne marche pas entre eux.

Elle me rappelle ensuite pour une histoire d'attestation de fin d'année. Elle passe à 11 heures à mon bureau, elle est pétillante, on va déjeuner ensemble. Je suis quelqu'un de rationnel, qui ne croit pas aux signes, mais quand on comprend que le soir on va au même concert sans en avoir jamais parlé, je me dis pas que c'est pas une coïncidence. Elle vient avec une copine comme chaperon, elles arrivent en retard, ratent le concert, mais je réussis à la raccompagner en bas de chez elle, sitôt la copine sollicitée par un rendez-vous opportun. C'est l'hiver, il fait froid, je l'embrasse en bas de chez elle. C'est une fille dont je pourrais tomber amoureux, je n'ai pas peur du syndrome de Pygmalion, même si la barrière de l'âge est là. Mais elle a 24 ans, pas 17, et elle sait ce qu'elle fait.

Ce soir-là, en revenant chez moi, je ramasse dans la rue un beau tapis en laine épaisse. Je le porte sur mon dos, vingt minutes de marche jusqu'à chez moi, je sue comme un bœuf. Il me faudra plusieurs semaines pour comprendre que j'ai ramené chez moi une meute de punaises de lit assoiffées de sang, et presque une année entière pour m'en débarrasser. À notre première soirée ensemble, il y a cet ami adepte de l'astrologie chinoise qui nous diagnostique : elle serait Dragon de feu, et moi Chien de métal. *« Tu sais, Alicia, c'est le feu, il faut savoir gérer les temps faibles »*, m'explique, mystérieux, une de ses camarades.

Dernier jour

« *C'est qui, cette Aurélie ?* » Je reçois son texto au milieu d'un concert où je suis sans elle, dans la même salle que le premier, celui de la coïncidence. Elle épluche tous mes textos et mes mails, c'est insupportable, cette insécurité permanente. Elle peut être très colérique, dans ses colères elle cherche à faire mal, c'est destructeur dans un couple. Je lui réponds tout de suite, sans lui mentir : « *Aurélie est une de mes ex, je l'ai rappelée, on s'est vus deux fois.* » Pourquoi n'ai-je pas détruit cet e-mail ? Sûrement un truc inconscient, pourtant j'ai plusieurs adresses e-mails, elle l'a trouvé sur la cinquième, je crois. Dans le message en question, elle me donne simplement rendez-vous de façon un peu trop affectueuse. J'aurais pu mentir, mais je n'ai pas envie. Il faut sortir d'une situation qui s'est enkystée.

Au moment où je lis son texto dans la salle de concert, je sais que c'est fini. J'en suis presque soulagé, on s'engueule tout le temps, tous les trois jours, j'ai compté. Elle veut un enfant, mais je ne fais pas d'enfant avec quelqu'un qui me déclare la guerre tous les trois jours. Je ne veux pas d'enfant qui grandisse sur un champ de bataille, j'ai toujours vu mes parents se hurler dessus et je me suis juré de ne pas reproduire ce modèle-là. Et puis la mère d'Alicia a toujours trouvé que j'étais trop vieux pour elle, que je n'étais pas le bon scénario. Je suis déchiré, mais c'est probablement la meilleure solution pour nous deux.

Je la rappelle à la sortie : « *Tu avoues ?* me dit-elle. – *Oui, j'avoue.* » Elle se sent trahie, même si elle me donne mon congé. On se revoit ensuite pour des questions d'intendance. J'avais cassé l'armoire de sa salle de bain, je dois la réparer. Elle me répond qu'elle a enregistré mon numéro à « ne pas décrocher ». Je trouve ça un peu extrême, en même temps elle a moins de 30 ans, et ça je le sais depuis le début. Elle m'envoie ensuite une flopée de reproches pour me dire que j'ai mal réparé l'armoire de la salle de bain.

Comme il y a ses affaires partout chez moi, le déménagement se fait en plusieurs fois. J'aimais son bazar, j'aimais qu'elle bouscule ma vie de célibataire endurci avec son chat, ses sous-vêtements sexy, ses produits de beauté, son rire flûté. Il y a avait tellement de vie là-dedans. Il y a eu beaucoup de moments éprouvants, mais je ne me suis jamais ennuyé une seconde. Plusieurs mois après son départ, je retrouverai encore des vêtements féminins au fond de ma corbeille à linge.

Il y a sa petite voiture noire garée au bout de la rue. Alicia est face à moi, sur le trottoir. Il y a énormément de violence en elle, et quand elle est en colère, elle ne réfléchit pas. *« Tu as trahi notre amour. »* Sa phrase me touche parce qu'elle est vraie. On allait au yoga ensemble, elle me demande de changer de jour, ce que j'accepte. Elle monte dans sa voiture, claque la porte, me fait un doigt d'honneur quand elle démarre, et je regarde sa petite voiture disparaître au loin. Elle avait passé son permis l'année précédente et nous avions tracé la route vers le Sud l'été dernier. C'était une grande première pour elle comme pour moi. J'ai l'impression d'être dans un film en noir et blanc. Je me dis que l'hiver sera long.

« Elle veut que je lui fasse l'amour, je lui fais sa valise. »

Paul, 31 ans

Premier jour

C'était l'époque où Tinder était gratuit et où je likais tous les profils sans regarder, en mode chalutier. J'ai un profil réfléchi niveau marketing, que des photos en situation. Sur la première, je fais du skate, sur la deuxième je suis médecin, sur la troisième je suis au bord d'une falaise pour dire *« j'aime la nature »*. En dessous, j'écris toujours des phrases un peu absurdes : soit *« Permanente est la révolte »* ou *« Le tiroir est dans la clé »*, ça fait intello je-suis-pas-que-médecin. Je matche donc avec une très belle blonde au visage chérubin. Elle a 18 ans. Sur sa première image, elle fait un câlin à son chat, tellement fort qu'on dirait qu'elle va l'étrangler. Ensuite, elle pose comme pour des magazines de mode et mentionne des écrivains russes dans sa biographie.

C'est elle qui vient me parler, c'est rare qu'une fille parle en premier. D'emblée elle me dit qu'elle a envie de me rencontrer, car elle écrirait un article sur les dragueurs de Tinder. Je fouine sur Internet, comprends qu'elle a effectivement un blog de mode et j'achète un peu son histoire. On passe deux semaines à discuter, de littérature, d'art, je me mets à palpiter devant cette lolita surdouée, qui me divertit dans une ville où je m'ennuie, avec des conversations à l'hôpital alimentées par la météo ou les histoires de beuveries.

On décide de se rencontrer enfin, d'aller voir une exposition au musée d'Art moderne de Strasbourg. J'y allais presque tous les jours faire du skate sur le parvis avec mes potes. À son arrivée, ils lui font presque une haie d'honneur, à tous vouloir voir autant que moi à quoi elle ressemble. Elle est très belle, son visage est vivant, torturé, elle ne veut pas me sourire, m'analyse, défensive. L'alibi de son article sur Tinder se retourne contre elle : ses yeux semblent crier *« qu'est-ce que tu fous encore sur cette appli, gros queutard ? »*.

À court de banalités, on sort du musée, en se regardant dans les yeux comme des lycéens, en même temps elle est presque lycéenne. On va s'asseoir sur un banc du quartier de la Petite France, il se met à pleuvoir comme dans les films, où il ne pleut qu'au premier plan. Les gens courent partout, les énarques avec leurs attachés-cases sur la tête. J'attrape sa main, je l'embrasse pendant dix minutes.

Je tiens une liste, dans la section Notes de mon iPhone, des filles avec lesquelles je couche, parfois je n'ai même pas les noms, alors j'écris *« fille de l'escalier »* ou *« interne de l'ascenseur »*, je n'ai pas tout compté, je dois être à 200… Mais là j'arrive un peu à sortir de l'habitude. Je lui propose quand même la classique, aller boire un thé chez moi, ça marche bien, le coup du thé, en général – ça fait mec rassurant qui lit des livres en savourant une infusion. L'eau a chauffé, mais on n'a jamais eu le temps de mettre le sachet. Ensuite, elle est rentrée chez elle, ses parents l'attendaient. Je l'ai regardée partir et j'ai pensé que, celle-là, elle allait compter. M'extraire les mots que je n'arrive pas à dire, le *je t'aime* aux forceps, avec son intelligence tellement forte que ça en était inopérant. Trop sensible au monde.

Le dernier jour

Gare de l'Est à Paris, je suis garé en double file, je viens la chercher pour l'emmener en Bretagne. Elle apparaît, des lunettes de soleil lui mangent le visage et ne laissent voir que ses lèvres colorées d'un rouge très fort. Elle a son air de mannequin agacé, et le temps que je mette sa valise dans le coffre, elle m'a déjà reproché de ne pas avoir l'air assez content de la voir. Moi, je suis juste nonchalant, comme d'habitude. Tout de suite, elle cherche le conflit.

Elle ne desserre pas les dents de toute l'autoroute, jusqu'au panneau qui affiche Chartres. Je lui propose d'aller voir la cathédrale. Depuis le temps que je vais en vacances à Saint-Brieuc, je ne l'ai jamais vue. On entre dans la ville et, au moment de se garer, elle aperçoit un cheveu blond sur le siège passager. Elle me fait une crise de jalousie, sauf que, pour une fois, c'est celui de ma mère. Furieuse, elle claque la porte et s'enfuit dans Chartres, avec sa valise rouge assortie à son rouge à lèvres rouge, et à son visage maintenant tout rouge. Les roulettes tapent contre les pavés, je lui cours après, je la rassure, elle tente d'y croire. « *Promis, c'est ma mère.* »

On reprend notre balade dans Chartres, la ville est mignonne, je lui achète un croissant aux amandes, sa viennoiserie préférée. On reprend la route, au volant, je lui dis des mots que je ne pense pas, la situation l'exige. Il y a un côté absolu dans le *je t'aime* qui me dérange, mais soit, en général je préfère être un vrai connard, au moins ça ment pas, ça déçoit pas, un vrai connard. On arrive au Val-André, la maison sur la plage fait son petit effet. Mais la confiance ne se rétablit pas. Elle me fait scène sur scène, me harcèle. Une nuit, je l'embrasse avant d'aller me coucher, et je la vois laide, elle sent la cigarette, la transpiration, je décide de m'enfermer dans ma chambre.

Je comprends pas pourquoi elle crie tout le temps, alors qu'elle est venue jusqu'en Bretagne. Elle tambourine à ma porte, je l'imagine comme une sorcière, mon esprit ne la vénère plus, c'est la douche froide, la pluie du début, mais dans l'autre sens. Cette nuit-là, je décide que je ne veux plus jamais entendre parler d'elle, que ça n'a aucun sens, on dirait un mauvais coup d'un soir.

Au petit matin, après ma nuit enfermé, je la trouve assoupie sur le canapé. Sa valise à ses pieds, à moitié faite et défaite, elle me dit : *« Je pars, mais retiens-moi. »* Elle se réveille, s'allume une cigarette avec le regard d'une forcenée. D'un coup, elle s'échappe de la maison, se met à courir pieds nus sur la plage, interrompant les sportifs de l'aube. Elle m'attrape les mains, me dit qu'elle m'aime, qu'elle va s'en aller, je lui réponds que oui, il faut qu'elle s'en aille.

On rentre à la maison, elle redevient un peu humaine, ne croit pas au fait qu'elle va partir. Elle veut que je lui fasse l'amour, je lui fais sa valise. Elle ne dit plus rien, je la mets dans la voiture et pars pour la gare. Baroud d'honneur, elle arrête la voiture, s'échappe et court – décidément, elle aura beaucoup couru ce jour-là – dans le champ d'à côté. Je la vois qui se cache dans un buisson, prend son téléphone et m'appelle. Je laisse sonner, elle me laisse un message où elle me dit encore qu'elle m'aime.

Je ne cède pas, on arrive à la gare de Saint-Brieuc, il est 10 heures du matin et je n'ai aucune idée d'où vont les trains. Je la dépose sur le quai et décide que plus rien de ce qu'il lui arrivera ne m'intéressera. Elle est là, sans rouge à lèvres, et j'ai de la haine pour elle. J'ai tellement de mal à ressentir des choses pour des filles, alors quand ça arrive, j'aimerais que ça se passe bien. J'étais vraiment amoureux d'elle.

« J'ai tout raconté à mon mari. »
Sarah, 32 ans

Premier jour

Nos enfants font la même activité en dehors de l'école. On se croise souvent, et nos conjoints s'entendent bien. Je suis mariée depuis dix ans, avec un homme dont je suis tombée amoureuse au cours d'un job d'été dans un parc d'attractions. On s'est suivis, on s'est mis en couple et on a eu deux enfants. Notre mariage va bien, suffisamment pour que je m'autorise à aller voir ailleurs.

L'année d'avant, on en avait un peu parlé, de loin, avec mon mari. À demi-mot, on avait évoqué ces désirs pour d'autres, et que si ça n'était que physique, ça n'était pas si grave. J'y avais vu un accord tacite, une autorisation à chercher chez quelqu'un d'autre ce que mon mari, déprimé, ne me donne plus sexuellement. Je le sollicite, il reste de marbre, et je me couche frustrée et fâchée.

Je cherche dans ma tête avec qui je pourrais vivre cette expérience. Je ne suis pas une aventurière de bars ni de sites de rencontres, alors je repense à ce père que je croise au cours de musique de mes enfants. Conservatoire, parc, on se voit de temps en temps, et je sens dans son regard que je lui plais. Je sens cette petite marque d'envie, cette attention particulière qu'on n'accorde pas à ses amis, ou aux gens qui font simplement partie du paysage. Un soir, on dîne tous les quatre, sa femme, mon mari et nous deux. À la fin de la soirée, le manteau sur les épaules, planté au milieu de l'entrée, il s'exclame : *« On a vraiment passé un bon moment »* – la spontanéité de cette phrase (c'est rare, les gens qui disent sur le moment qu'ils sont contents) m'a touchée.

On avait parlé d'une chanson au cours de ce repas : il me l'envoie. Son intérêt se confirme ce jour où j'ai envie de le voir, de sortir, et je lui écris, et à sa femme aussi, pour savoir si l'un des deux est disponible pour boire un verre. *« Où tu veux, fais-moi rêver »*, me répond-il instantanément, alors que son épouse n'est pas libre. On se retrouve dans un bar où la soirée s'étire, une heure, deux heures du matin, l'établissement va maintenant fermer. On est dehors, il fait bon, c'est la fin du printemps, je lui propose de *« marcher un peu ensemble à vélo »* – ce qui n'a aucun sens en termes de moyen de locomotion. Je me retrouve très loin de mon chemin pour rentrer chez moi, et au moment de faire demi-tour, on finit par s'arrêter sous un lampadaire qui éclaire les pavés.

« *J'ai très envie de t'embrasser* », m'a-t-il annoncé, le visage illuminé par la lumière électrique. J'ai dit oui, on l'a fait, il s'est reculé : « *Tu sais dans quel contexte on est tous les deux ?. – Oui, je sais, on verra bien.* » Sur le moment, je vis ça comme une libération, un soulagement, comme si j'avais fait exploser la bulle de monogamie dans laquelle j'étais coincée. Très vite, on se revoit, il travaille pas loin de chez moi, on se voit à la pause déjeuner, il a un énorme appétit sexuel – il n'a pas fait l'amour depuis longtemps, sa femme le repousse depuis la naissance de leur deuxième enfant. Mes sentiments flambent.

Dernier jour

J'ai d'abord balancé mon téléphone contre le mur. Puis dans les toilettes pour le noyer. Je l'ai ensuite repêché. J'ai arraché la batterie, extrait la carte SIM, que j'ai découpée en plein de petits morceaux de plastique avec une grande paire de ciseaux. J'ai effacé ses mails, je l'ai bloqué sur tous les réseaux sociaux. Ensuite, j'ai pris nos lettres, les dessins que j'avais faits de lui, j'ai tout déchiré. Je suis sortie dans le jardin et j'ai tout mis à brûler dans le barbecue.

Je ne supporte plus cette culpabilité, ces montagnes russes émotionnelles entre l'euphorie de le retrouver, la tristesse de son départ, ces soirées où je dois faire semblant devant mon mari de me sentir bien alors que je me sens plus bas que terre de le tromper. J'ai l'impression de ne parler que de lui, je pleure parce que c'est fini et cela repart quelques jours après, encore plus fort. Je me sens attachée à lui à cause de toute cette hormone du lien, l'ocytocine, générée par nos étreintes. Lui, tend maintenant plus à modérer mes ardeurs amoureuses, à s'en tenir à notre relation telle qu'elle est.

Cette fois-ci, je veux le quitter définitivement : je lui ai dit que je l'aimais, je lui ai demandé s'il m'aimait, il ne m'a pas répondu. Ni oui ni non, il ne fait que tergiverser pour répondre à cette question. J'en ai parlé à une amie, qui m'a dit que la situation lui convenait sûrement, son mariage et sa maîtresse pour le sexe, qu'il ne devait pas mal le vivre. Je lui ai soumis cette thèse, il m'a confirmé : *« Oui, ton amie a raison. »*

Je me sens en transe avec lui, dans une addiction qui ne peut s'interrompre qu'avec un violent sevrage. Il n'a plus mon numéro, m'écrit un mail, mais je lui réponds que je lui ai demandé un mois de silence, un mois sans contacts. Pendant ces trente jours, j'ai tout raconté à mon mari. Un soir où on a couché les enfants, où je me suis allongée sur le lit en regardant le plafond, il est côté de moi, je parle de ma grand-mère qui vient mourir, de cette tristesse et de ce bouleversement qui m'habitent. Je n'ai plus grand-chose à perdre, je lui explique que je ne suis pas sûre de vouloir rester avec lui, que notre chemin n'est pas le même, que je ne veux pas d'un couple pragmatique.

Il veut savoir, je lui dis que j'ai eu quelqu'un d'autre, que cela vient de se terminer. Amoureuse d'un autre ? Non, un vrai autre, on a été ensemble, on a fait l'amour ensemble. Il pleure, beaucoup. N'arrive plus à s'arrêter. « *Tu mets notre couple et notre famille à la poubelle.* » Je lui propose un bain pour se calmer, je suis triste de lui faire du mal, il pleure encore dans mes bras, je ne sais plus d'où vient l'eau, entre la baignoire et ses yeux. Et puis je ne suis pas d'accord, je ne mets pas notre famille à la poubelle, quoi qu'il se passe, nos enfants seront toujours là, on les a faits avec amour.

On finit par aller se coucher, très tard. Il se réveille mal. Je lui offre une compilation de musique, intitulée : *Lever d'un autre jour*. La première chanson est celle d'une chanteuse à la voix rocailleuse qui écrit comme Brel, une chanteuse qui proclame : « *Viens, j'ai envie qu'on s'en aille / Et qu'on laisse derrière nous le chaos du passé / Viens, on a brûlé tout le bois qu'il y avait à brûler / Et l'hiver va durer / Viens, il n'y a plus rien je crois / Dans ce foutu passé / Qui puisse nous réchauffer.* »

Mon mari a pris rendez-vous avec un thérapeute de couple, qui nous a fait comprendre que c'était assez classique. Avec la naissance des enfants, on s'est perdus de vue, il nous fallait refaire des choses ensemble, prendre une baby-sitter pour sortir tous les deux, ne pas faire tout le temps l'amour au même moment et dans un lit, plus verbaliser nos attentes. J'ai mis quelques mois à retomber amoureuse de mon mari. Mais le jeu en vaut la chandelle, c'est la personne que j'ai le plus aimée de ma vie. Quant à mon amant, il m'a envoyé un message un jour : « *J'ai attendu longtemps, j'ai hésité, et puis j'ai perdu.* »

« Je n'essaye plus de contrôler les choses ou la vie, je n'ai plus peur de la prochaine catastrophe, j'y ai déjà survécu. »

Anne, 55 ans

Premier jour

J'ai quitté mon mari depuis quelques mois déjà. Trente ans de mariage, et puis je suis partie.

J'étais cette femme épuisée, de celles qui se dessèchent et se délaissent, trop tournées qu'elles sont vers les autres, leur travail, leur famille. *« Tu ne te regardes plus dans le miroir. Regarde-toi à nouveau dans un miroir »*, m'a-t-on dit, un an auparavant.

Je suis seule et joyeuse ce soir de juillet, je suis partie me balader à vélo sur les quais. Sur des chaises longues en bois, des gens jouent de la musique. L'un d'entre eux s'approche de moi. Avant même de voir son visage, je vois ses mains qui s'entrouvrent et laissent s'échapper des copeaux de bois rose, tombant sur mes jambes. J'entends sa voix qui explique son geste : *« C'est comme cela que l'on dit bonjour en Inde »*, me sourit-il. Mon regard remonte vers ce beau Mauricien d'une quarantaine d'années qui ajoute : « *Ma femme et ma fille sont mortes. Je dis toujours cela dès que je rencontre quelqu'un, comme pour justifier ce que je suis* », puis il repart rejoindre son groupe de musiciens.

Émue, je les observe en train de jouer et chanter. Sur les quais, trois copines de cité leur crient le titre d'une chanson d'Édith Piaf qu'elles aimeraient entendre. Ils ne comprennent pas tout de suite, puis enchaînent sur une chanson de Piaf, mais pas celle demandée. Je suis restée un peu comme ça à les regarder, et j'y suis retournée.

Il revient me parler, il s'appelle Samuel : « *Tiens, chante ce que tu veux, chante quelque chose et je t'accompagne. – Je ne sais pas chanter, mais je peux dessiner si tu veux. – Eh bien dessine alors* », m'a-t-il proposé en me tendant un grand paquet de feuilles et un stylo qu'il a sorti de sa poche. J'essaye de faire son portrait. Et même s'il bouge tout le temps, je ne lui demande jamais de poser. Sur ces feuilles volantes avec ce Bic trop fin, j'arrive mal à figurer son regard intense, son chapeau et ses habits de mauvaise vie. Moi, je suis concentrée, pas très satisfaite de mes dessins, un peu gênée peut-être d'être séduite si évidemment par un inconnu dans la rue. Comme un extrait de la vie d'avant, de la liberté des soirs d'été étudiants, à plus de 50 ans, maintenant.

Lui si sûr de son numéro sur son banc. Il se passe quelque chose entre nous. Je lui laisse mon portable, le quitte dans l'idée de le retrouver après mes vacances qui commencent le lendemain. Bien sûr, on se retrouve, et on s'aime très vite. Je pense être quelqu'un de lourd, de coincé dans une vie très sérieuse. Je suis psychiatre, spécialisée dans le malheur, la violence, les enfants abandonnés qui évoluent dans des histoires effroyables.

Samuel, malgré la mort de sa femme et de sa fille, est quelqu'un de fantaisiste et de créatif. « *Mon ambition dans la vie, c'est la joie* », proclame-t-il très vite. Tellement la joie qu'il se balade avec une énorme sonnette à vélo et appuie dessus pour faire rire les passants. Il est devenu fantasque depuis ses deuils, ne travaille plus, vit avec même pas le RSA. Son instabilité émotionnelle est trop grande pour un emploi.

Dernier jour

Je suis partie travailler à 13 h 30, comme d'habitude. Le matin, on a fait l'amour, comme toujours, comme jamais. À 20 h 15, je rentre dans mon appartement, il y habite avec moi. On y arrive par le haut, l'entrée surplombe le salon. Je le vois nu comme je l'avais laissé ce matin après l'amour, nu au milieu du salon. Samuel est couché à même le sol, comme un dormeur, plié sur le côté.

Je vois son corps de loin, je suis médecin, et je comprends. Je sais que c'est grave, ses selles qui sortent, un filet de bave et de sang qui s'échappe de sa bouche, une mare de liquide céphalo-rachidien qui l'entoure. Ma respiration pressent le pire. Il ne m'avait pas dit qu'il était malade, je savais seulement qu'il venait de l'île Maurice et qu'il avait un risque cardio-vasculaire très important. Il avait décidé que la mort viendrait quand elle le voudrait.

Je m'approche de lui, je prends son pouls : il n'y a plus rien. Il est froid et raide, l'amour et la mort dans la même journée. Je recule, ma respiration est haletante, suffocante. Je dis *« non »*, je crois, uniquement *« non »*. L'idée que *« non est un palindrome »* surgit dans ma tête, je pense à lui qui aimait les palindromes, et je ne lui ai jamais demandé pourquoi. Il y a maintenant plein de pourquoi auxquels il ne pourra plus répondre. Je pense au fait qu'il doit être mal installé comme ça, à même le sol, la tête contre le parquet, c'est pas très agréable, et il doit avoir froid. Je vais lui chercher un oreiller et une couverture, et puis j'appelle les pompiers et le SAMU.

Dans mon salon débarque le ballet des autorités. Des policiers qui me demandent d'enlever la couverture, il faut le laisser comme vous l'avez trouvé, madame. Toutes les dix minutes, ils me proposent un Lexomil pour gérer le choc : *« Vous savez, je suis psychiatre, je n'ai pas besoin de Lexomil. »* Mon amour pour Samuel me maintient en lévitation au-dessus de cette scène surréaliste. Une fois le constat de décès et le permis d'inhumer délivrés par le médecin généraliste présent, me vient une envie.

Je veux qu'il soit respecté jusqu'au bout. Je décide de faire ce que je faisais quand j'étais étudiante en médecine. À l'époque, j'avais un petit boulot d'infirmière et j'avais appris à nettoyer le corps des défunts, ces gestes ancestraux effectués depuis la nuit des temps par les pleureuses qui lavaient les cadavres. Je me suis lancée, sous les regards étonnés mais silencieux de cette assemblée de pompiers, officiers et services d'urgence.

Je lave le corps de celui que j'aime. Eux restent là sans rien dire, sans rien vouloir faire, sans vouloir toucher, moi je le prépare avec les moyens du bord et je suis fière d'être une femme qui sait cela, qui a déjà été au contact physique de la mort, au contact de son silence, qui peut vivre intensément ce moment irréel où mon Samuel, mon amour et ma joie gisent à mes pieds. Enfin au repos, sans vie, de l'autre côté ; je crois bien que c'est notre amour qui m'enveloppe, qui me donne le courage, qui me porte. L'officier me dit que c'est la première fois pour lui, qu'il est impressionné, la première fois de quoi ? Je ne sais pas.

Son corps doit être emmené, j'ai envie de le retenir, d'avoir encore un peu de temps pour l'entendre me dire que j'ai toujours raison quand je parle calmement. Je me souviens de ce week-end juste avant, où il écrivait mollement son projet auquel il ne croyait plus trop. Je me suis demandé s'il savait qu'il allait mourir, si l'on peut savoir que l'on va mourir. L'anniversaire de la mort de sa femme arrivait, il avait rêvé d'elle,

elle lui avait dit : « *Mais, Samuel, je suis vivante, je vais revenir.* » Le lendemain, il m'avait raconté ce rêve, troublé. Son corps était fatigué, son ventre ne pouvait plus manger épicé et devenait dur, son souffle l'empêchait de marcher, sa toux de respirer. L'une des dernières nuits ensemble, il m'avait dit : « *Comme ça, là, à cet instant, je n'ai pas envie de mourir ni de me suicider. Mais si ça arrivait, ça serait parfait.* » Il est mort le jour suivant.

Samuel m'avait préparée à sa mort. Par ses deuils, il m'avait appris à vivre avec le deuil. Sa femme, par exemple, était tout le temps dans sa tête, avec lui. Il m'a montré ce chemin, m'a enseigné plein de choses, qu'il ne fallait pas essayer d'améliorer les gens ou de les changer, mais d'apprendre à composer avec eux. Je n'essaye plus de contrôler les choses ou la vie, je n'ai plus peur de la prochaine catastrophe, j'y ai déjà survécu.

Entre le premier et le dernier jour, il y avait…

- *« On ne sait jamais vraiment quand est le dernier jour d'une histoire. »* – **18 mois**
- *« Je n'ai jamais ressenti ça avec un garçon. »* – **12 mois**
- *« Je suis super-amoureuse, il coche toutes les cases, il a tout bon : il fera un beau mari, j'ai un bel avenir avec lui. »* – **20 ans**
- *« Tu n'arriveras plus à me toucher sans penser aux autres, et j'ai pas envie de voir ça. »* – **7 mois**
- *« J'ai dit à ma femme : "Je suis amoureux, mais d'un homme." »* – **15 mois**
- *« Rien que cette histoire, elle va me faire vingt ans de souvenirs dans la tête. »* – **5 mois**
- *« Je m'interdis d'avoir des sentiments, en fait, je ne me laisse pas le temps. »* – **3 jours**
- *« Moi, je sais que j'ai aimé gratuitement. »* – **0**
- *« Je ne sais pas vraiment comment on est passés d'amis à amoureux. »* – **5 mois**
- *« Je pensais être tellement nulle que personne ne pourrait m'aimer autant que lui. »* – **3 ans et 10 mois**
- *« Sept mots, et c'est tout. Terminé. »* – **1 an**
- *« Il est obligé de mentir à sa famille pour qu'on se voie. »* – **17 mois**

- *« Ken, parce que le beau cousin s'appelle Ken – ses parents ayant fait un heureux pari sur l'incertitude génétique. »* – **1 semaine**

- *« Je suis triste de ne pas pouvoir continuer, mais rien d'insurmontable. Je ne sais plus comment on s'est dit au revoir. »* – **1 semaine**

- *« Il s'appelle Dylan, c'est horrible, ce prénom. Anna et Dylan, ça ne sonne pas. »* – **4 ans**

- *« Elle, la reine de beauté, ne voulait pas finir fermière, assistante de vaches, avec un mari obsédé par le cours du lait et des beaux-parents omniprésents. »* – **16 ans**

- *« Il n'a jamais pu me pardonner le mal qu'il m'a fait. »* – **17 ans**

- *« J'ai eu un vrai premier jour, un beau coup de foudre, mais je n'ai jamais réussi à trouver le sien. »* – **3 ans et 1 mois**

- *« "Vous ne voulez quand même pas qu'on aille à l'hôtel ?" m'interroge-t-elle. »* – **31 ans**

- *« Je suis allé trop loin, sinon tu aurais continué à faire ce que je voulais. »* – **3 ans et 6 mois**

- *« Nathan, est-ce que tu me considères comme un frère ? »* – **2 ans et 6 mois**

- *« "Je veux rencontrer ton mari", me demande-t-il. »* – **6 mois**

- *« À ce moment-là, j'ai compris qu'on pouvait tomber deux fois amoureuse de la même personne. »* – **15 ans**

- *« Je me sens comme le héros d'un roman du XIXe siècle, je salue ce moment de correspondance au monde, ces divines surprises enfouies que la vie peut offrir. »* – **3 ans et 6 mois**
- *« Tu sais, je trouve ça quand même très désagréable quand tu me fais le coup du silence. »* – **13 ans**
- *« Elle me fait visiter sa chambre, même si c'est interdit. »* – **2 mois**
- *« J'avais appris à toujours laisser sa chance au produit, mais c'était une belle copie chinoise. »* – **7 ans**
- *« Il me demande mon numéro, on a vingt ans et deux continents d'écart, mais je dis oui. »* – **6 mois**
- *« Elle m'envoie ensuite des messages pour me dire que j'ai mal réparé l'armoire de la salle de bain. »* – **4 ans**
- *« Elle veut que je lui fasse l'amour, je lui fais sa valise »* – **3 mois**
- *« J'ai tout raconté à mon mari. »* – **3 mois**
- *« Je n'essaye plus de contrôler les choses ou la vie, je n'ai plus peur de la prochaine catastrophe, j'y ai déjà survécu. »* – **9 mois**

Remerciements

À ma fille Néva qui invente tous les jours de nouvelles histoires dans ses carnets, et dont je suis si fière depuis le premier jour.

À Jean-Baptiste, patient et premier relecteur de tous mes textes depuis 2014.

À mes parents pour leurs recherches assidues de témoignages.

À Tiphaine et Ghislain pour leurs commentaires amusés.

À Soren pour ses conseils marocains et notre passion commune pour Roland Barthes.

À Clara, Magali et Éric pour avoir accepté qu'on publie des histoires pareilles dans le « journal de référence ».

À Éléonore pour son soutien d'éditrice.

À Sophie pour m'avoir permis de réaliser un rêve d'enfant en un quart d'heure de rendez-vous.

À Lorraine pour sa patience juridique et ses encouragements dès le début.

À Jean pour qu'il n'y ait jamais de dernier jour.

À Tristan pour la version bêta que personne ne lira.

À Élisabeth, Anne et Charlotte et à ces milliers d'heures de conversation consacrées à faire l'exégèse de la rupture.

À tous ceux qui ont eu envie de confier leur histoire la plus précieuse à une parfaite inconnue.

« *Plus c'est personnel, plus tu touches à l'universel.* »

Marguerite Duras, citée
dans *L'Amie* de Michèle Manceaux,
Robert Laffont, 2010.

Composition et mise en pages
Nord Compo à Villeneuve-d'Ascq

CET OUVRAGE
A ÉTÉ ACHEVÉ D'IMPRIMER
SUR ROTO-PAGE
PAR L'IMPRIMERIE FLOCH À MAYENNE
EN NOVEMBRE 2018

PAPIER À BASE DE
FIBRES CERTIFIÉES

Fayard s'engage pour
l'environnement en réduisant
l'empreinte carbone de ses livres.
Celle de cet exemplaire est de :
800 g éq. CO_2
Rendez-vous sur
www.fayard-durable.fr

Dépôt légal : novembre 2018
N° d'impression : 93424
20-2705-2/01
Imprimé en France